Karin Walz

Das Mohnbuch

Karin Walz

Das Mohnbuch

Liebeserklärung an eine florale Schönheit
Mit vollwertigen Rezepten von süß bis deftig

illustriert von Karin Bauer

Inhalt

Auf den Mohn gekommen

Vor einigen Jahren erstrahlte ein Teil des im Osten meiner Heimatstadt Darmstadt gelegenen »Oberfeldes« in zartem Rosa. Die örtliche Zeitung berichtete damals über den ungewohnten Anblick, Spaziergänger erkoren die optische Freude zum Ziel ihrer Ausflüge. Dabei war eigentlich nichts Spektakuläres passiert: Ein ökologisch wirtschaftender Landwirt hatte Schlafmohn ausgesät. Über Jahrhunderte hinweg war dies – mit regionalen Unterschieden – hierzulande ein durchweg normaler Vorgang. So machte die Aufregung, die der blühende Schlafmohn verursachte, deutlich, wie fremd uns diese alte Kulturpflanze mittlerweile geworden ist.

Viele Menschen kennen den Schlafmohn heute nicht mehr. »Mohn« wird zumeist als Synonym für den allerorten wachsenden Klatschmohn verwendet, ansonsten kennt man Mohn vor allem als Kuchenfüllung oder Brötchendekoration.

So geht in einer ärmer werdenden Kulturlandschaft ein früher noch als selbstverständlich erachtetes Wissen mehr und mehr verloren. Wer sich jedoch die Mühe macht, »den Mohn« genauer anzuschauen, wird überrascht sein, wie viel faszinierende Facetten diese Pflanzengattung aufweist. Allein die botanische Bandbreite ist immens. Hinzu kommt: Die Kulturgeschichte des Schlafmohns beinhaltet – von kulinarischen Genüssen einmal abgesehen – ein schillerndes Spektrum politischer, gesellschaftlicher und wissenschaftlicher Aspekte.

Deshalb: Lassen Sie sich entführen auf eine Reise in eine Welt der Vielfalt, die Erstaunliches ebenso zu bieten hat wie Nützliches. Lassen Sie sich durch Mohn inspirierte Gedichte zum Träumen und durch eine bunte Vielfalt an klassischen und ungewöhnlichen Rezepten mit Mohn zu neuen kulinarischen Genüssen anregen.

Mohn – Hauch der Vielfalt

Den Namen »Mohn« tragen 70 bis 100 Arten der Gattung Mohn *(Papaver)* aus der Familie der Mohngewächse *(Papaveraceae)*. Zu den Mohngewächsen gehören unter anderem das Schöllkraut *(Chelidonium majus)*, die Gattung der Lerchensporne *(Corydalis)* und die Gattung des markanten, blau blühenden Scheinmohns *(Meconopsis)*. Die Mohngewächse wiederum sind den *Ranunculales,* den Hahnenfußartigen, zuzuordnen und gehören damit zu den Bedecktsamern, der größten Klasse der Samenpflanzen. Die Zugehörigkeit zur eigentlichen Gattung Mohn lässt sich durch die folgenden Merkmale eingrenzen:

- Die Blüte besteht aus vier (seltener auch fünf oder sechs) samtigen Blütenblättern. Die nach unten geneigte Blütenknospe erreicht erst unmittelbar vor dem Erblühen eine aufrechte Position. Die beiden Kelchblätter fallen ab, sobald die Blüte geöffnet ist.
- In der Mitte der Blüte befindet sich der charakteristische Fruchtknoten, der nach der Befruchtung eine Kapsel mit zahlreichen kleinen Samen ausbildet. Die sternförmige Narbe sitzt direkt auf dem Fruchtknoten, der aus vier bis 18 verwachsenen Fruchtblättern besteht und von zahlreichen Staubblättern umgeben ist.
- Alle Pflanzenteile enthalten einen weißen oder gelblichen Milchsaft, der mehr oder weniger giftige Alkaloide enthält.

Neben diesen Gemeinsamkeiten besticht die Gattung Mohn durch eine ungeheure Vielfalt. Die Farben der Blütenblätter reichen von leuchtend Rot über Orange und Hellgelb bis hin zu zartem Rosa und Violett. Ausdauernde Pflanzen gibt es ebenso wie ein- oder zweijährige. Die Blätter können wechselständig oder spiralig am Stängel angeordnet sein, aber auch eine bodenständige Rosette bilden. Die Blattränder sind gesägt oder gebuchtet. Die Stängel sind meist borstig behaart. Die Farbe der 50 bis 100 Staubblätter, die sich pro Blüte um den zentralen Fruchtknoten ausbilden, variiert von Weiß, Gelb, Grün, Purpurfarben und Rot bis hin zu Schwarz.

Mohn produziert keinen Nektar und zählt daher zu den »Pollenblumen«. Insekten bestäuben die Mohnblüten, indem sie den sich an ihre Körper festsetzenden Pollen von Blüte zu Blüte tragen. Einige Mohnarten können sich durch Selbstbestäubung vermehren. Durch Öffnungen, die im ausgereiften Fruchtknoten unterhalb des Stempels entstehen, werden die Samen durch den Wind aus der Kapsel geschüttelt und über die Erde verteilt.

Rund um das Mittelmeer sind die unterschiedlichsten Mohnarten weit verbreitet. Hier liegt auch die eigentliche Heimat des Mohns: Iran, Irak, Türkei, Israel, Jordanien, Libanon, Syrien, Marokko, Ägypten sowie die europäischen Mittelmeerländer. Von diesem Kerngebiet aus hat sich der Mohn bis in die Mongolei und nach China verbreitet. Auf Meereshöhe können sich Vertreter der Gattung Mohn ebenso wohlfühlen wie in bergigen Regionen. An trockenheiße Standorte im Süden haben sich einige Mohnarten ebenso angepasst wie an die kälteren und weniger sonnenreichen Bedingungen im nördlichen Europa. Auf dem amerikanischen Kontinent ist die Verbreitung auf die nördliche Hemisphäre (Kalifornien, Alaska und Kanada) begrenzt. In Südafrika findet sich die einzige, südlich des Äquators beheimatete Mohnart: *Papaver aculeatum.*

Im Folgenden werden die für unsere Breitengrade wichtigsten oder für den Anbau im Garten besonders geeignete Mohnarten beschrieben.

Südafrika-Mohn

Botanischer Name: *Papaver aculeatum*
Papaver aculeatum ist südlich des Äquators heimisch und dort einzige Vertreterin der Gattung Mohn. Die mit borstigen Härchen ausgestattete einjährige Pflanze wird zwischen 30 und 60 Zentimeter hoch. Die Blütenblätter sind blassorange, die Staubgefäße und die Haube des Fruchtknotens gelb. In Südafrika kommt *Papaver aculeatum* zumeist in gebirgigen Regionen bis zu einer Höhe von 1850 Metern vor. Als Gartenpflanze ist diese Art bei uns eine Rarität, obwohl sie bereits im 19. Jahrhundert nach Europa eingeführt wurde.

Alaska-Mohn

Botanischer Name: *Papaver alboroseum*
Nur zehn Zentimeter groß wird der Alaska-Mohn, der in der Kamtschatka (Russland), Alaska und Britisch-Kolumbien auf bis zu 2000 Meter Höhe wächst. Die Blüten, die sich zwischen Juni und August entwickeln, sind weiß oder leicht rosa gefärbt. Die Pflanze liebt Schotter und Geröll als Untergrund – auch als Gartenpflanze. Der Alaska-Mohn ist nur bei wenigen Saatguthändlern oder Staudengärtnereien erhältlich, wohl auch, weil er sich in unseren heimischen Gärten als nicht allzu langlebig herausgestellt hat.

Roter Mohn

Im Sommer war das Gras so tief,
Daß jeder Wind daran vorüberlief.
Ich habe da dein Blut gespürt
Und wie es heiß zu mir herüberrann.
Du hast nur mein Gesicht berührt.
Da starb er einfach hin, der harte Mann,
Weils solche Liebe nicht mehr gibt ...

Ich hab mich in dein rotes Haar verliebt.
Im Feld den ganzen Sommer war
Der rote Mohn so rot nicht wie dein Haar.
Jetzt wird es abgemäht, das Gras,
Die bunten Blumen welken auch dahin.
Und wenn der rote Mohn so blaß
Geworden ist, dann hat es keinen Sinn,
Daß es noch weiße Wolken gibt ...

Ich hab mich in dein rotes Haar verliebt.
Du sagst, daß es bald Kinder gibt,
Wenn man sich in dein rotes Haar verliebt,
So rot wie Mohn, so weiß wie Schnee.
Im Herbst da kehren viele Kinder ein,
Warum solls auch bei uns nicht sein?
Du bleibst im Winter auch mein rotes Reh,
Und wenn es tausend schönere gibt ...
Ich hab mich in dein rotes Haar verliebt.

François Villon (1431 – 1464)
Nachdichtung nach Paul Zech

Alpen-Mohn

Botanischer Name: *Papaver alpinum*

Der Alpen-Mohn ist eine krautige, ausdauernde Pflanze , die Wuchshöhen zwischen fünf und 20 Zentimeter erreicht und kräftige Horste ausbildet. Anders als der Name vermuten lässt, ist sein natürliches Verbreitungsgebiet nicht auf die Alpen beschränkt. Auch in den Karpaten und den Pyrenäen ist der Alpen-Mohn zu finden. Je nach Verbreitungsgebiet haben sich viele unterschiedliche Varietäten entwickelt. Die Blüten erreichen einen Durchmesser von bis zu fünf Zentimetern und entfalten von Juli bis August ihre weiße, gelbe oder orange Pracht.

Für die Pflanzung oder Aussaat im Garten – vorzugsweise im Steingarten – bietet der Handel eine große Bandbreite unterschiedlicher Sorten an. Auch wenn der Alpen-Mohn zu den ausdauernden Pflanzen gehört – seine Lebenszeit gerade in Kultur ist kurz. Allerdings ist die Vermehrung durch Selbstaussaat zumeist problemlos.

Sand-Mohn

Botanischer Name: *Papaver argemone*

Die 15 bis 30 Zentimeter hoch wachsende zumeist einjährige, krautige Pflanze kommt ursprünglich aus dem Mittelmeergebiet, hat sich mittlerweile aber bis nach Südschweden ausgebreitet. In Deutschland ist Sand-Mohn – wenn auch selten – im Norden zu finden. Die Blütenblätter sind länglich, dunkelrot und besitzen am Ansatz einen schwarzen Fleck. Die Staubbeutel sind dunkelviolett. Blütezeit ist von Mai bis Juli. Sand-Mohn wächst auch auf kargen Böden. Die im Handel erhältlichen Samen eignen sich so sehr gut für den Steingarten.

Atlas-Mohn

Botanischer Name: *Papaver atlanticum*

Die Heimat des Atlas-Mohns ist Marokko. Die 15 bis 60 Zentimeter hoch wachsende Pflanze ist an das dortige Klima bestens angepasst und winterhart. Mittlerweile wird sie als Gartenpflanze weltweit angeboten. Vier orangefarbige, etwa 2,5 Zentimeter lange Kronblätter bilden die Blüte, die sich von Mai bis Juli ausbildet. Die zahlreichen Staubblätter sind mit gelben Staubbeuteln ausgestattet. Alle Pflanzenteile enthalten giftige Alkaloide. Die mehrjährige Pflanze benötigt trockene Böden in sonniger Lage. Um im Garten die unkontrollierte Aussaat in Grenzen zu halten, empfiehlt es sich, die Fruchtknoten nach der Blüte abzuknipsen. Auf diese Art regt man die Pflanze außerdem zur weiteren Blütenbildung an.

Armenischer Mohn

Botanischer Name: *Papaver bracteatum*

Die riesigen, scharlachroten Blütenbecher des Armenischen Mohns sind ein echter Augenschmaus – auch aufgrund ihrer außerordentlichen Größe: Der Armenische Mohn erreicht selbst in der Wildform leicht eine Höhe von mehr als einem Meter. Die Basis der Blüte ist mit schwarzen Flecken ausgeschmückt. Der Armenische Mohn ähnelt sehr stark dem Türkischen Mohn *(Papaver orientale)* und wurde, nachdem er im 19. Jahrhundert nach England eingeführt und von dort aus weiterverbreitet wurde, mit diesem immer wieder gekreuzt. Nach der Blüte bildet sich eine große Samenkapsel, die sich hervorragend für Dekorationszwecke eignet. Der Armenische Mohn braucht einen humosen, gut durchlässigen Boden und viel Sonne.

13

Da der Armenische Mohn reichlich Alkaloide enthält, zählt man ihn zu den Giftpflanzen. Sein synonymer Name »Arznei-Mohn« verweist zudem auf die Verwendung zur Herstellung von Medikamenten. Die im Armenischen Mohn enthaltenen Alkaloide ähneln dem Morphin, das selbst jedoch nicht in der Pflanze enthalten ist. Da sich Morphin aus dem Arznei-Mohn nur synthetisch herstellen lässt, empfiehlt die Weltgesundheitsorganisation (WHO) dessen Anbau als Alternative zum Schlafmohn *(Papaver somniferum)*. In Deutschland waren Anbau und Vertrieb der Pflanze bis 1986 genehmigungspflichtig. Heute ist der Verkauf von Pflanzen und Samen zu Zierzwecken zugelassen, zahlreiche Sorten sind über den Samenhandel erhältlich.

Island-Mohn

Botanischer Name: *Papaver nudicaule*

Als zweijährige oder ausdauernde Zierstaude hat sich der Island-Mohn seinen festen Platz in heimischen Gärten erobert. Im Frühjahr ist er aus dem Angebot der Blumenhändler nicht mehr wegzudenken. Beheimatet in den winterkalten Gebieten Asiens (Altai-Gebirge, Ost-Sibirien, Kasachstan, Mongolei), kommt der Island-Mohn bestens mit eisigen Wintertemperaturen zurecht. Die unzähligen Unterarten des Island-Mohns, die im Handel angeboten werden, bieten eine enorme Vielfalt an Blütenfarben: von Weiß bis Hellgelb, von Orangengelb bis Rot. Dabei bildet die unterschiedliche Färbung von Blüte und Blütenbasis reizvolle Kontraste. Die einzelne Blüte hält sich zwar nur wenige Tage, dafür produziert der Island-Mohn beständig neue Knospen. Im Sommer setzt er so kontinuierlich farbliche Akzente auf dem Balkon oder im Beet.

Der Islandmohn erreicht eine Wuchshöhe von zehn bis 50 Zentimeter und eignet sich gut für Staudenbeete, aber auch für Steingärten und Kübel. Der zierliche Mohn benötigt einen vollsonnigen, durchlässigen, mäßig feuchten bis trockenen Standort. Im Gegensatz zu anderen Mohnarten eignet er sich auch als Schnittblume, wobei der Schnitt möglichst früh erfolgen sollte, wenn die Knospe noch geschlossen ist. Überliefert ist außerdem, dass in früheren Zeiten die Blätter gekocht wurden. Ihr hoher Vitamin-C-Gehalt sollte Skorbut vorbeugen.

Blühender Mohn

Blaue, linde
Sommerwinde,
Wiegt mein Mohnfeld leicht und leis,
Dass die blanken
Blüten schwanken,
Rosenrot und lilienweiß!

Junisonne,
Sommerwonne
Steh'n auf ihrer Höhe schon,
Deiner Fahnen
Leises Mahnen,
Wohl vernehm' ich's, bunter Mohn!

Sinnend steh' ich,
Träumend seh' ich
Weit ins Land vom Wiesensaum:
Winde weben,
Blüten beben
Und das Leben ist ein Traum.

Karl Friedrich von Gerok (1815 – 1890)

Marienkäfer-Mohn

Botanischer Name: *Papaver commutatum*

Der Marienkäfer-Mohn ähnelt dem Klatschmohn und hat seinen Namen von den auffälligen schwarzen Punkten, die sich fast mittig auf den leuchtend roten Blütenblättern befinden. Bei der im Samen- und Blumenhandel angebotenen Sorte 'Lady Bird' ist dieses Charakteristikum besonders herausgebildet. Der Marienkäfer-Mohn wird bis zu 50 Zentimeter hoch. Seine ursprüngliche Heimat ist die Türkei, der Iran und der Kaukasus. Er liebt nährstoffreichen, durchlässigen Boden und eignet sich für Kübel ebenso gut wie fürs Staudenbeet. Sind die Standortbedingungen gut, verbreitet sich die einjährige Pflanze von selbst.

Bastard-Mohn

Botanischer Name: *Papaver hybridum*

Der Bastard-Mohn lässt sich an seinen kugeligen, steif borstigen Samenkapseln erkennen, die gern für Blumengestecke verwendet werden. Ursprünglich kommt er aus dem Mittelmeerraum, ist jedoch schon früh (vor 1500) durch den Menschen in die nördlicheren Regionen Europas verbreitet worden. In Deutschland ist diese Art als stark gefährdet eingestuft. Hauptursachen für den Rückgang der Bastard-Mohn-Bestände sind die Überdüngung der Böden mit Stickstoff und der Einsatz von Herbiziden, denn: *Papaver hybridum* bevorzugt karge Böden. Der Bastard-Mohn wird im Allgemeinen eher als »Unkraut« angesehen und ist daher nicht im Samenhandel zu finden. Die gesamte Pflanze ist giftig.

Türkischer Mohn

Botanischer Name: *Papaver orientale*

Als Morgenländischer Mohn, Orientalischer Mohn, Garten-Mohn, Stauden-Mohn und Feuer-Mohn ist der in Anatolien, dem Kaukasus und Iran beheimatete Türkische Mohn bekannt. Die Namensvielfalt rührt daher, dass der Türkische Mohn als ausdauernde Pflanze in Form unterschiedlicher Sorten den Weg in unsere Gärten gefunden hat und damit zu den häufig angebauten Ziermohnpflanzen gehört. Bereits im 17. Jahrhundert wurde *Papaver orientale* erstmals botanisch beschrieben (wo unter anderem berichtet wird, dass die noch grünen Samenkapseln nicht zur Opiumgewinnung dienen, sondern gegessen werden und einen scharfen, brennenden Geschmack aufweisen) und über botanische Gärten nach Mitteleuropa eingeführt. Dort verbreitete er sich so stark, dass er sich bereits im 19. Jahrhundert als Gartenpflanze einer großen Beliebtheit erfreute. Seit Beginn des 20. Jahrhunderts ist der Türkische Mohn Objekt gezielter Züchtungsversuche.

Die Pflanze blüht ebenso leuchtend rot wie der heimische Klatschmohn, ist aber wesentlich größer als dieser: Wuchshöhen von bis zu einem Meter sind keine Seltenheit. Im Handel werden auch lachsfarbene Varianten des *Papaver orientale* angeboten. Da der Milchsaft der Pflanze Alkaloide enthält, die dem Morphin ähneln, war der Anbau der Pflanze in Deutschland früher nur mit Genehmigung möglich. Seit 1984 ist der freie Vertrieb der Zierpflanze zugelassen. Der Türkische Mohn ist als Samen oder als Staude bei Samenhändlern und Gärtnereien erhältlich. Er bevorzugt einen sonnigen Standort und ist beim Boden nicht allzu anspruchsvoll – vorausgesetzt, an seinem Standort bildet sich keine Staunässe.

Arktischer Mohn

Botanischer Name: *Papaver radicatum*

Mit dem Gegenblättrigen Steinbrech *(Saxifraga oppositifolia)* ist der Arktische Mohn die am weitesten im Norden lebende bedecktsamige Pflanze. Der Milchsaft dieser ausdauernden, kleinwüchsigen Art hat eine gelbliche Färbung, ebenso die Farbe ihrer Blüte. Der Arktische Mohn ist ein echter Solarkollektor – seine Blütenblätter sind so geformt, dass sie die Sonnenstrahlen einfangen und auf die Fruchtknoten im Blütenzentrum reflektieren. Dabei wenden sich die Blütenköpfe der Sonne zu und lassen deren Strahlen immer im optimalen Einfallswinkel stehen. Auf diese Weise gelingt es der Pflanze, die Temperatur zu steigern, sodass die Samen in kürzester Zeit reifen. Die Samen sind im Samenhandel erhältlich. Arktischer Mohn eignet sich besonders gut für den Steingarten.

Klatschmohn und Schlafmohn

Die beiden hierzulande wohl bekanntesten Mohnarten, der Klatschmohn und der Schlafmohn, werden im Folgenden ausführlicher dargestellt.

Klatschmohn

Botanischer Name: Papaver *rhoeas*

Blutblume, Feldmohn, Feuerblume, Flattermohn, Klatschrose, Kornrose, Schnalle – unter diesen Namen ist der Klatschmohn bei uns bekannt. Doch selbst wer nur die Bezeichnung »Mohn« hört, denkt in erster Linie an den wild wachsenden, einjährigen Klatschmohn. Seine leuchtend roten Blüten erscheinen von Mai bis Juli an und in Getreideäckern, an Wegrändern, Abhängen, Böschungen und auf Schuttplätzen. Klatschmohn gehört neben dem Sand-Mohn *(Papaver argemone)* und dem Saat-Mohn *(Papaver dubitum)* zu den drei in Deutschland vorkommenden Wildmohnarten. Klatschmohn ist auf Fremdbestäubung angewiesen und produziert pro Pflanze zwischen 10 000 und 20 000 Samenkörner.

Oft ist Klatschmohn nach ausgeführten Erdarbeiten Teil der Pioniervegetation. Das liegt daran, dass die Samen des Klatschmohns über Jahrzehnte hinweg im Boden überdauern können. Werden bei Umschichtungen des Erdreichs (beispielsweise Bauarbeiten) Samen an die Oberfläche befördert,

Er tröstet sie

Wenn im Sommer der rote Mohn
Wieder glüht im gelben Korn,
Wenn des Finken süßer Ton
Wieder lockt im Hagedorn,
Wenn es wieder weit und breit
Feierklar und fruchtstill ist,
Dann erfüllt sich uns die Zeit,
Die mit vollen Maßen misst.
Dann verebbt, was uns bedroht,
Dann verweht, was uns bedrückt,
Über dem Schlangenkopf der Not
Ist das Sonnenschwert gezückt.
Glaube nur, es wird geschehn!
Wende nicht den Blick zurück!
Wenn die Sommerwinde wehn,
Werden wir in Rosen gehn,
Und die Sonne lacht uns Glück.

Otto Julius Bierbaum (1865 – 1910)

keimen die auf Licht angewiesenen Körner aus. Im Laufe der Zeit wird der Klatschmohn auf solchen Flächen nach und nach durch andere Pflanzen verdrängt.

Vielfältig ist die symbolische Bedeutung des Klatschmohns. Sein unvermitteltes Aufblühen gerade auf Brachflächen hat ihn zum Sinnbild der Wiedergeburt, des neu beginnenden Lebens werden lassen. Doch repräsentiert das Rot der Klatschmohnblüte, die nach einer relativ kurzen Blühzeit von ein bis zwei Tagen abstirbt, zugleich das Gegenteil: den Tod, die Vergänglichkeit des Lebens. So erinnert der Klatschmohn im Commonwealth an die Gefallenen der beiden Weltkriege. Seit dem Ende des Ersten Weltkrieges wird dort alljährlich am 11. November der sogenannte *Rememberance Day* begangen, der in der Umgangssprache – nach der englischen Bezeichnung für Mohn – *Poppy Day* heißt.

Selbst die englische Königin heftet sich an diesem Tag eine textile Mohnblüte ans Revers. Traditionell werden zudem Gräber mit Mohnblüten geschmückt.

Als Ackerbegleitpflanze hat der Klatschmohn in der jüngsten Zeit an Bedeutung verloren. Der zunehmende Herbizideinsatz macht ihm das Überleben schwer. Dabei kann ein nicht übermäßig dicht wachsender Klatschmohnbestand sogar das Wachstum von Getreidepflanzen fördern.

Zu den Inhaltsstoffen des Klatschmohns zählen Rhoeadin und andere wenig gefährliche Alkaloide. Für das leuchtende Rot der Blüte sind Anthocyane verantwortlich, die Blütenblätter wurden früher gelegentlich auch zum Färben von Wein, Arzneien und Tinte verwendet. Daneben findet man im Klatschmohn organische Säuren, Gerbstoffe, Saponine, Bitterstoffe, Harz, Schleim, Stärke und Gummi.

Bereits seit dem 16. Jahrhundert sind Zierformen des Klatschmohns bekannt. Seit Ende des 19. Jahrhunderts wird Klatschmohn gezielt weitergezüchtet. Im Handel ist daher ein großes Sortenangebot verfügbar.

In der Küche findet der Klatschmohn kaum Verwendung. Bekannt ist ein Tee aus den Blüten. Dazu müssen die Blütenblätter gleich nach dem Erblühen gesammelt und sofort getrocknet werden. Das leuchtende Rot der Blütenblätter verwandelt sich dabei in ein Dunkelrot und Schwarz.

Ich treibe in die blaue Ewigkeit

Durch Roggenfelder, mohnumschäumt,
einsame Wege will ich gehen.
Ich fühle kühl die Halme wehn,
wie Mohn schäumt auch mein Herz und träumt.

Erlöst bin ich aus aller Zeit,
die Sonnenwolke kann nicht freier sein.
Ich treibe in die blaue Ewigkeit
hinüber, wie mit einer Frau allein.

Arthur Rimbaud (1854 – 1891)
Nachdichtung von Paul Zech

Mohnblüten zwischen Kitsch und Kunst

Auf unzähligen Gebrauchsgegenständen entfalten leuchtend rote Mohnblüten ihre dekorative Wirkung. Ob als Kalenderblatt oder auf Porzellan, als Mohnpüppchen oder auf Briefmarken. Das strahlende Mohnrot zieht Blicke an. Wen wundert es da, dass sich Maler der unterschiedlichsten Stilrichtungen von der Strahlkraft blühender Klatschmohnfelder angezogen fühlten. Allen voran Claude Monet. Mohnfelder sind in den impressionistischen Momentaufnahmen seiner Werke ein immer wiederkehrendes Sujet. *»Das Mohnfeld bei Vetheuil«* hat er ebenso für die Nachwelt festgehalten wie den *»Klatschmohn in der Gegend von Argenteuil«*. Auch seine Malerkollegen, darunter Vincent van Gogh mit der Ende des 19. Jahrhunderts entstandenen *»Vase mit rotem Mohn«*, haben blühende Klatschmohnfelder animiert, zu Pinsel und Farbe zu greifen.

Farbkontraste und Lichtwirkung standen bei den impressionistischen Malern im Vordergrund. Ihnen ging es um den Augenblick, die unmittelbare Wirkung einer landschaftlichen Szenerie. »Ich male Blumen und nenne sie einfach Blumen und sie müssen keine Geschichte erzählen.« Dieses Auguste Renoir zugeschriebene Zitat bringt es auf den Punkt. Damit wandten sich die impressionistischen Maler gegen die allegorische Darstellung von Blumen, bei der diese nicht für sich selbst stehen, sondern als Symbole für Gefühle und Leidenschaften. Diese allegorische Verwendung von Pflanzen herrschte in der Malerei bis in die Mitte des 19. Jahrhunderts vor.

So schrieb man Blumen Bedeutungen zu, die durchaus gegensätzliche Dinge ausdrückten. Mohn symbolisierte Liebe und Tod, Fruchtbarkeit und Schönheit, Vergänglichkeit und Erinnerung, Eucharistie und Passion. Ganze Blumengebinde wurden vor diesem bedeutungsschweren Hintergrund gestaltet, wie beispielsweise der im 17. Jahrhundert von Jan Davidsz de Heem komponierte *»Blumenstrauß in einer Glasvase«*, in dessen Mitte die rote Blüte des Klatschmohns leuchtet.

Im 20. Jahrhundert findet sich das Rot des Klatschmohns in den Werken von Gustav Klimt und Emil Nolde. Letzterer lässt das leuchtende Mohnrot in Werken wie *»Wilder Mohn rot, rot, rot«* oder *»Großer Mohn«* erstrahlen. Zeitgenössische Darstellungen der Mohnblüte nehmen eine ungeahnte Bandbreite und einen immensen Variantenreichtum ein. Mohnblüten leuchten in Öl oder Acryl als Triptychon, als abstrakte Detailarbeit oder als Farbkontrast in Landschaftsbildern. Und trotz der Vielfalt der Mohnarten dominiert die Blütenfarbe des Klatschmohns, dessen leuchtendes Rot sich als Synonym für die Farbe des Mohns in das Gedächtnis der Menschen eingebrannt hat. Dafür hat erst recht die Fotografie gesorgt, die die rasche Vergänglichkeit der Mohnblüten in unzähligen Motiven festhält. Auch die Literatur hat der Mohn inspiriert. Bereits im 15. Jahrhundert widmete François Villon sich dichterisch dem Rot des Mohns. Ludwig Uhland ließ sich ebenso davon inspirieren wie Paul Celan. Neben der Farbwirkung waren es die bewusstseinsverändernden Eigenschaften der Mohninhaltsstoffe, die sich in der Literatur niederschlugen. Seine Erfahrungen mit dem aus den Schlafmohnkapseln gewonnenen Opium verarbeitete Charles Baudelaire in den *»Blumen des Bösen«*. In der Prosa kommt Mohn in vielfältiger Weise zur Geltung: unter romantischen Vorzeichen als »wilder Mohn« oder »Mohn des Vergessens«. Kriminalgeschichten spinnen sich um das Motiv des »Heißen Mohns« während die Unterhaltungsliteratur gern auf die Zweideutigkeit des »Klatsch«-Mohns verweist.

Natürlich wurde der Klatschmohn auch musikalisch verewigt. Rosita Serrano erinnerte das Rot der Blütenblätter an Blut. Feurig wie der Mohn sollte ihr Herz erglühen. *»Rot blüht der Mohn«* singt Udo Jürgens und stellt darin eine Verbindung zum Heroinkonsum der westlichen Welt her.

Einen festen Platz haben sich Mohnkapseln in der Sepulkralkultur erobert. Auf Grabsteinen des 19., aber auch des 20. Jahrhunderts finden sich häufig die Samenkapseln als Symbol des ewigen Schlafes und des Todes.

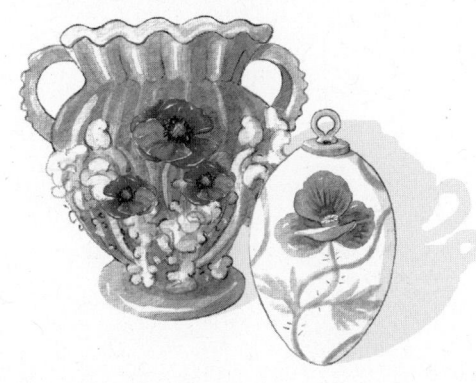

Für eine Tasse Klatschmohn-Tee wird ein gehäufter Esslöffel getrocknete Klatschmohnblüten mit 250 Milliliter kochend heißem Wasser übergossen. Nach einer Ziehzeit von fünf bis zehn Minuten wird abgeseiht. Wer es süß mag, kann Honig dazugeben.

Während die Schulmedizin dem Klatschmohn keinerlei Bedeutung zumisst, wird Klatschmohn in der Volksmedizin als Hausmittel in Form eines Sirups gegen Husten angewandt. Außerdem werden Klatschmohn adstringierende, schleimlösende, schmerzstillende und beruhigende Eigenschaften zugeschrieben. Auch Vermutungen über antikarzinogene Effekte sind in der Literatur zu finden.

Auch wenn auf manchen Blaumohnverpackungen die roten Blüten des Klatschmohns abgebildet sind – beide haben kaum etwas miteinander zu tun. Der für die Küche verwendete Blaumohn wird ausschließlich aus *Papaver somniferum* gewonnen – dem Schlafmohn, der im folgenden Kapitel ausführlich behandelt wird. Zwar sind die Samen des Klatschmohns im Allgemeinen genießbar – durch die geringe Ausbeute ist diese Art für den Nahrungsmittelanbau jedoch nicht geeignet.

Schlafmohn
Botanischer Name: *Papaver somniferum*

Siegeszug einer Kulturpflanze

Bereits in der Jungsteinzeit vor rund 5000 Jahren wurde der Schlafmohn *(Papaver somniferum)* angebaut. Er ist damit eine der ältesten Kulturpflanzen überhaupt. Dabei werden die ersten Samenfunde dem Borstenmohn *(Papaver setigerum)*, einer wilden Urform des Schlafmohns, zugeschrieben. Dieser ist hauptsächlich im westlichen und nördlichen Mittelmeerraum verbreitet. Während der Borstenmohn längliche Samenkapseln ausbildet, sind die Kapseln des Schlafmohns rund. Doch das ist nicht der einzige bedeutsame Wandel, der sich während des Prozesses der kontinuierlichen Auslese bei der Entwicklung der Samenkapsel vollzogen hat.

Beim Borstenmohn entstehen nach der Samenreife unterhalb des Stempels Öffnungen. Durch diese kann der reife Samen auf die Erde fallen – ein Windstoß oder das Erschüttern der Pflanze durch ein vorbeiziehendes Tier reichen dafür aus. Das ist auch der Grund, warum für diese Eigenschaft die Bezeichnung »Schüttmohn« entstand. Dagegen bleiben die Kapseln

24

Roter Mohn

Es war Frühling da gingen wir beide
durch die Felder mit frohem Gesicht,
tief im Herzen den Lenz und die Freude
an den Herbst dachten wir damals nicht.

Aber nun ist er doch schon gekommen
und viel schneller als ich gedacht,
nun ist alles so leer, nun ist alles so schwer,
ist vorbei was mich glücklich gemacht.

Roter Mohn, warum welkst du denn schon,
wie mein Herz sollst du glüh'n und feurig loh'n.
Roter Mohn, den der Liebste mir gab,
welkst du weil ich ihn schon verloren hab?
Rot wie Blut, voller Pracht, warst du noch gestern erblüht,
aber schon über Nacht ist deine Schönheit verblüht.
Roter Mohn warum welkst du denn schon,
wie mein Herz sollst du glüh'n und feurig loh'n.

Rot wie Blut, voller Pracht, warst du noch gestern erblüht,
aber schon über Nacht ist deine Schönheit verblüht.
Roter Mohn warum welkst du denn schon,
wie mein Herz sollst du glüh'n und feurig loh'n, roter Mohn.

Rosita Serrano (1914 – 1997)

vieler Schlafmohnsorten geschlossen. Mohnformen mit dieser Eigenschaft bezeichnet man als »Schließmohn«. Dieser braucht somit den Menschen, um sich fortzupflanzen. Für diesen wiederum ist eine geschlossene Samenkapsel vorteilhaft: Die Samen bleiben bei der Ernte und der anschließenden Lagerung in der Kapsel. Ernteverluste können vermieden und der Samen in der Kapsel bis zur Verwendung gelagert werden. Mensch und Natur arbeiteten so bei der Herausbildung der sich nicht öffnenden Formen von *Papaver somniferum* – zum gegenseitigen Nutzen – Hand in Hand. Aber keine Regel ohne Ausnahme: Der im niederösterreichischen Waldviertel angebaute »Waldviertler Graumohn« (eine geschützte Ursprungsbezeichung, die speziell für die dort – neben lokalen Landsorten – angebauten Sorten 'Edel-Weiß' und 'Edel-Rot' gilt) ist zum Beispiel ein Schüttmohn. Den größeren Aufwand bei der Ernte kompensieren die Landwirte, indem sie die unzerstörten Samenkapseln für den floristischen Bedarf an Gärtnereien und Blumengeschäfte verkaufen.

Nur rund einen Tag lang währt je nach Wetterlage und Klima im Juni oder Juli eine Blüte des Schlafmohns, der gute Böden liebt und – im Falle des Sommermohns – im März ausgesät wird. Einige Schlafmohnsorten gedeihen auch auf durchlässigen, sandigen, eher mageren Böden gut. In vielen Gegenden Mitteleuropas ist ein Anbau möglich – sogar in Mittelgebirgen und bei rauerem Klima. Die aufgehende Saat hat zunächst Mühe, sich gegen stark wachsende Beikräuter durchzusetzen. Deshalb kann Schlafmohn nur auf gut vorbereiteten Böden und mit regelmäßiger Entfernung der Beikräuter erfolgreich angebaut werden. Nur alle vier bis fünf Jahre sollte gewerbsmäßig angebauter Mohn auf dem gleichen Feld wachsen. Wintermohn wird bereits im September ausgesät. Er blüht im Vergleich zum Sommermohn zwei bis drei Wochen früher und kann entsprechend früher geerntet werden. Hat die Pflanze erst einmal eine Größe von etwa 15 Zentimetern erreicht, schießt sie förmlich in die Höhe und wächst rund anderthalb Meter hoch. Die Blüte des Schlafmohns kann einen Durchmesser von bis zu zehn Zentimetern erreichen. Die Farbe der Blütenblätter changiert von Violett, Rot bis hin zu Weiß.

Mohn in der Küche

Weizenmehlbrei mit Blaumohnsamen – dieses bei den Römern beliebte Rezept klingt nach heutigen Maßstäben eventuell wenig verlockend. Doch zum Glück erweiterte sich die Küchenkultur im Hinblick auf Mohn für die Zubereitung von Gerichten ebenso wie sich die Koch- und Backrezepturen insgesamt differenzierten. Und wie schon zu Cäsars Zeiten hat Blaumohn im heutigen Nahrungsmittelangebot seinen festen Platz. Ob ein Mohnbrötchen am Morgen, am Nachmittag ein Stück Mohnkuchen und abends zum Knabbern mit Mohn bestreutes Käsegebäck – Mohn kann in zahlreichen Varianten unseren Tag begleiten.

Besonders fest etabliert ist der Einsatz von Mohn in Ländern, die Schlafmohn traditionell im großen Stil anbauen. In der Türkei, in Schlesien, Böhmen, Ungarn, Österreich, Tschechien und anderen europäischen Ländern verfeinert Mohn Kuchen, Stollen, Aufläufe, Teigtaschen, Strudel sowie Klöße und Knödel – letztere zum Beispiel wahlweise deftig angebraten und in Scheiben oder süß mit Vanillesauce. In der indischen Küche dient der weiße oder gelbe Mohnsamen häufig zum Andicken von Speisen. Hamantaschen dürfen bei einem jüdischen Purimfest ebenso wenig fehlen wie die Mohnpielen bei einer traditionellen Weihnachtsfeier in Oberschlesien. Wie gut, dass Mohn neben dem ihm nachgesagten positiven Einfluss auf Glück, Wohlstand und Fruchtbarkeit auch geschmacklich und ernährungsphysiologisch überzeugen kann. Er bereichert so in vielen Kulturen Brauchtum und Festbüffet gleichermaßen.

Gemeinsam ist all diesen unterschiedlichen Nationalitäten und Kulturkreisen, dass das Gros des Mohns für süße Bäckereien verwendet wird. Auch neue Mohnkreationen, beispielsweise das in Österreich allerorten angebotene Mohneis oder ausgefeilte Schokoladenspezialitäten, kombinieren den typischen Mohngeschmack mit der den Gaumen umschmeichelnden Süße.

Die Ausnahmen, die diese Regel bestätigen, sind die salzigen Mohnklassiker, wie die Mohnbrötchen. Auch in vielen Vollkornbroten hat Mohnsamen einen Stammplatz in der Zutatenliste. Nicht zu vergessen natürlich das Käsegebäck, das nicht nur durch Kümmel, sondern eben auch durch Mohn geschmacklichen Charakter erhält. Doch angesichts der Bandbreite der süßen Mohnspezialitäten sind die gängigen Rezepturen, bei denen Mohn in ein salziges oder deftiges Umfeld gebettet wird, klar in der Minderheit. Und das ganz zu Unrecht.

Mit Mohn lassen sich Suppen verfeinern und Salate krönen. Selbst bei Hauptgerichten braucht man den Einsatz von Blaumohn nicht zu scheuen. Mohn erweist sich als eine vielfältig einzusetzende Zutat. Reich an Nährstoffen und essentiellen Fettsäuren, gebührt dem Mohn die Ausweitung seines Einsatzgebietes. Entlassen wir ihn aus der »süßen Ecke« und erlauben ihm dadurch häufiger, seinen typischen Geschmack auf unserem Teller zu entfalten.

Jede Pflanze bildet in den Sommermonaten Juni und Juli drei bis vier Blüten aus. Geerntet werden können die reifen Samenkapseln etwa im September.

Dass in der Samenkapsel mehrere Tausend Samen heranreifen, ließ den Schlafmohn zum Sinnbild für Reichtum, Glück und Fruchtbarkeit werden. Im Brauchtum vieler Länder spiegelt sich das noch heute wider: Mohngebäck zum Jahreswechsel soll für reichen Geldsegen im neuen Jahr sorgen, Mohnsamen im Geldbeutel den gleichen Zweck erfüllen oder zur Hochzeit gestreuter Mohn die Fruchtbarkeit des Brautpaares garantieren.

Mohnsamen und Mohnkapseln des Schlafmohns ließen sich bei archäologischen Ausgrabungen in Pfahlbausiedlungen im Schweizer Jura ebenso nachweisen wie in den Beigaben alter Gräber in Spanien, Frankreich und am Niederrhein. Diese Funde belegen, dass der Schlafmohn schon sehr früh für weite Teile der im europäischen Raum lebenden Völker eine wichtige Rolle in der Ernährung, aber auch als Heilmittel spielte. Der Grund dafür liegt auf der Hand: Die Samen des Schlafmohns sind sehr fetthaltig und nährstoffreich. Zusammen mit Honig wurden sie als Süßspeise zubereitet

Samenkörner, die es in sich haben

Mit einem Calciumgehalt von durchschnittlich etwa 1460 Milligramm pro 100 Gramm gehört die Mohnsaat zu den calciumreichsten Lebensmitteln. Ein Esslöffel Mohn kann mehr Calcium liefern als ein halbes Glas Milch. Calcium benötigt der Körper nicht nur für den Aufbau von Knochen und Zähnen, sondern auch für zahlreiche Stoffwechselvorgänge. Insbesondere bei vegetarischer und veganer Ernährung kann der Verzehr von Mohnprodukten wesentlich zur Deckung des Calciumbedarfs beitragen. Die Mohnsaat ist außerdem reich an B-Vitaminen, zum Beispiel Vitamin B_1, sowie an weiteren Mineralstoffen wie Eisen, Magnesium, Zink, Kupfer und Mangan (siehe auch Seite 42).

Mit seinem hohen Gehalt an Leucin und Lysin, essentiellen Aminosäuren, passt Mohnsamen ideal zu Getreide und Kartoffeln, die in der Regel wenig von diesen wichtigen Eiweißbausteinen enthalten. Das Eiweiß, das diese Lebensmittel dem Körper liefern, wird dadurch besser in körpereigenes Eiweiß umgewandelt und verwertet. Da Mohn wie die meisten Ölsaaten von Natur aus das Schwermetall Cadmium aus dem Boden anreichern kann, empfiehlt es sich, beim Einkauf auf rückstandskontrollierte Qualität zu achten.

oder verfeinerten Backwaren. Die Römer gaben die Mohnsamen zusammen mit Früchten an einen Weizenmehlbrei, der sich unter dem Namen »Puls« zum Nationalgericht entwickelte.

Die Erkenntnisse über die medizinischen Wirkungen des Mohns blicken ebenfalls auf eine lange Geschichte zurück. Die Assyrer bezeichneten den Schlafmohn als »Pflanze der Freude«. Bereits im »Papyrus Ebers« – eines der ältesten erhaltenen Schriftzeugnisse überhaupt, rund 1600 v. Chr. im alten Ägypten entstanden – werden Wurzeln, Samen und Kapseln der Mohnpflanze beschrieben. Geschätzt wurden vor allem die der Pflanze zugeschriebenen schmerzlindernden Eigenschaften.

Während sich in Zentralasien die türkische Stadt Afyon zum Anbau- und Handelszentrum des Mohns entwickelte, nahm diese Funktion im Griechenland des Altertums die Stadt Mekone ein. Deren Name ist zugleich die griechische Bezeichnung für Mohn. Dort entwickelte man bereits 800 v. Chr. einen aus Stängeln, Blättern und Fruchtkapseln hergestellten Extrakt, der den Namen »mekonium« erhielt. Diesem Saft schrieb man beruhigende und schmerzstillende Eigenschaften zu. Hippokrates von Kos (460 – 370 v. Chr.) gab dem Saft den Namen »Mohn-Wein«. Rund 300 v. Chr. erstellte der griechische Gelehrte Theophrastos von Eresos (371 – 287 v. Chr.) eine genaue Beschreibung zur Gewinnung des Mohnsaftes – durch das Einritzen der noch unreifen Samenkapsel. Durch Trocknung wird aus diesem Pflanzensaft Opium. Kein Wunder, dass das Wort »Opium« griechischen Ursprungs ist. Griechische wie römische Ärzte nutzen Mohnsaft und Opium als Allheilmittel gegen jegliche Arten von Schmerzen, Geschwüre, Angstzustände, Atembeschwerden, Husten und Entzündungen.

Mit dem vielfältigen und häufigen Gebrauch des Mohnsaftes traten mehr und mehr auch dessen negative Begleiterscheinungen zu Tage. Heilkundige warnten vor dem übermäßigen Genuss des Opiums. So beispielsweise Pedanios Dioskurides, der um 100 v. Chr. lebte und in seiner »Materia Medica« mehr als 1000 Pflanzen und ihre Wirkung auf den menschlichen Organismus beschrieb. Dem »Mekon« genannten Mohn schreibt Dioskurides eine »kühlende Kraft« zu. Zur Verwendung des eingedickten Mohnsaftes schreibt er: »In großer Menge genossen versenkt er in tiefen Schlaf, bewirkt Lethargie und tötet schließlich.«[1] Die positiven Wirkungen des Mohnsaftes veranlassten Dioskurides dennoch dazu, eine genaue Anleitung zu dessen Gewinnung, Verarbeitung und Aufbewahrung zu veröffentlichen.

Von der Mohn-Hochburg Griechenland verbreitete sich das Wissen um den Mohnanbau und die Opiumgewinnung im gesamten Mittelmeerraum, aber auch in östliche Richtung, nach Indien und China. Die Araber bezeichneten den Schlafmohn als »Abou-el-noum« – den Vater des Schlafes. Auch sie trugen zur Verbreitung des Wissens um den Schlafmohn bei. Ebenso wie die Römer. Diese nutzten den mit Eisenhut und Schierling gemischten Saft des Schlafmohns für Morde und Selbstmorde, zur Sterbehilfe, aber auch, um – so zynisch es klingen mag – Folteropfern ihre Qualen zu verringern. Mit der Expansion des Römischen Reiches breitete sich das Wissen um den Mohn weiter nach Norden aus. Der gleichzeitige Siegeszug des christlichen Glaubens bremste sowohl die Anpflanzung als auch die Verwendung der Mohnpflanze.

Die Tränen der Aphrodite – die mythische Seite des Schlafmohns

Als Aphrodite, die griechische Göttin der Liebe, Schönheit und sinnlichen Begierde, den Tod ihres schönen Geliebten Adonis beweinte, ließen ihre auf die Erde fallenden Tränen den Mohn entstehen – so erklärt die griechische Sagenwelt die Entstehung des Mohns. Einer anderen Erklärung zufolge soll Demeter, die »Mutter Erde«, Göttin der Fruchtbarkeit und der Ernte, den Mohn als Geschenk für die Menschen geschaffen haben.

Dem Duft der Blumen sprachen schon die alten Ägypter göttliche Kräfte zu. Und auch das biblische Hohelied Salomons stellt mit seinen vielen Anspielungen und Vergleichen eine Nähe der Blumen zur göttlichen Himmelsmacht her. Auch die Bewohner des antiken Griechenlands versuchten die Schönheit und Vielfalt der Pflanzenwelt durch Geschichten und Analogien zu erklären. Pflanzen wurden bestimmten Göttern zugeordnet, womit gleichzeitig der aristotelische Grundsatz – nach dem Pflanzen eine eigene Seele besitzen – zum Ausdruck kam.

Der Mohn als eine der ältesten Kulturpflanzen überhaupt hatte in dieser Vorstellungswelt seinen festen Platz. Durch die gewaltige Anzahl von Samen, die er in seiner Kapsel ausbildet, stand er für Fruchtbarkeit, Glück und Reichtum. Göttinnen wie Aphrodite oder Hera, die Liebe und Fruchtbarkeit verkörperten, wurden daher in den bildlichen Darstellungen oft zusammen mit Mohnkapseln dargestellt. Den Göttern wurden Kränze aus Schlafmohn geopfert.

Zudem waren die dem Schlaf zuträglichen und schmerzlindernden Eigenschaften des aus der Samenkapsel gewonnenen Milchsaftes (Opium) wohlbekannt. In Darstellungen des Hypnos, dem Gott des Schlafes, und seines Sohnes Morpheus, dem Gott des Traumes, finden sich daher häufig Mohnblüten und Mohnkapseln. Gleiches gilt für Thanatos, den Gott des Todes. Denn auch die mögliche Vergiftung durch übermäßigen Opiumkonsum war bekannt und fand ihren allegorischen Niederschlag in der Vorstellungswelt des antiken Griechenlands. Wie kaum eine andere Pflanze vereint der Mohn damit Gegensätzliches: Fruchtbarkeit und Tod, Glück und Verderben, Lebenskraft und schläfrige Dämmerung, Heilung und Vernichtung.

Die Inhaltsstoffe des Mohnsaftes

Der Milchsaft des Schlafmohns enthält rund 50 verschiedene Alkaloide mit einem breiten medizinischen Wirkungsspektrum. Opium, der getrocknete Milchsaft, besteht zu 20 bis 25 Prozent aus Alkaloiden. Zu den wichtigsten dieser Alkaloide zählen Morphin, Noscapin, Codein, Papaverin und Thebain. Die Milchröhren, in denen die Alkaloide synthetisiert und gespeichert werden, durchziehen mit Ausnahme der Samen die gesamte Pflanze.

Morphin

Mit einem Anteil zwischen sieben und 20 Prozent ist das Morphin das Hauptalkaloid des getrockneten Milchsaftes, des Opiums. Anfang des 19. Jahrhunderts wurde es erstmals isoliert. Es gilt als eines der am stärksten wirkenden Schmerzmittel. Da die Einnahme von Morphin abhängig machen kann, ist seine Verschreibung – nicht zuletzt in Deutschland – streng reguliert. Die Verschreibung von Morphin unterliegt dem deutschen Betäubungsmittelgesetz. Als unerwünschte Nebenwirkungen der Morphineinnahme gelten unter anderem Atemstillstand, Depressionen, Bewusstseinstörungen, Blutdruckabfall, Übelkeit und Verstopfung.

Noscapin

Zwischen zwei und 12 Prozent liegt der Anteil des Noscapins im getrockneten Milchsaft des Schlafmohns. Noscapin ist vorwiegend aufgrund seiner hustenstillenden Wirkung von therapeutischem Nutzen. Auch Noscapin wurde Anfang des 19. Jahrhunderts erstmals als Einzelsubstanz aus dem Milchsaft isoliert.

Codein

Codein kommt mit einem Anteil zwischen 0,3 und sechs Prozent im Opium vor. Seit Beginn des 20. Jahrhunderts wird Codein aufgrund seiner schmerz- und hustenstillenden Eigenschaften medizinisch angewandt. Die Verschreibung von Codein unterliegt dem Betäubungsmittelgesetz.

Papaverin

Im getrockneten Milchsaft des Mohns ist zwischen 0,5 bis drei Prozent Papaverin enthalten. Es wirkt krampflösend und gefäßerweiternd. Anwendung findet es in der Herzchirurgie ebenso wie als krampflösendes Mittel bei Magen-, Darm-, Gallen- und Harnwegspasmen. Auch Erektionsstörungen können mit Papaverin behandelt werden.

Thebain

Der getrocknete Milchsaft enthält zwischen 0,2 und ein Prozent Thebain, das erstmals um 1830 aus dem Saft isoliert wurde. Heute wird Thebain vor allem aus dem Arznei-Mohn *(Papaver bracteatum)* gewonnen. Hochdosiertes Thebain kann zu starken Krämpfen führen. Es wird im therapeutischen Bereich nicht eingesetzt und unterliegt dem Betäubungsmittelgesetz.

Die Pflanze des Zwiespalts

Unter Papst Leo dem Großen (um 400 – 440) wurde die Einnahme von Opium – außer für medizinische Zwecke – verboten. Überhaupt stand das frühe Christentum dem Wissen um die Wirkung von Pflanzen eher misstrauisch gegenüber. Dieses galt als Ausdruck einer dekadenten, heidnischen Kultur. Blumenzucht und Blumenanbau spielten im Abendland in dieser Zeit daher eine eher untergeordnete Rolle. Man verließ sich noch immer auf die Erkenntnisse des Dioskurides. Andererseits waren es gerade die Klostergärten, die sich um den Anbau wohl riechender und schmeckender Kräuter bemühten und Erfahrungen mit deren Wirkungen auf den menschlichen Organismus sammelten.

Einen Einschnitt markierte die unter Karl dem Großen (748 – 814) im *»Capitulare de villis«* erstellte Pflanzenliste. Die in dieser Verordnung aufgeführten Pflanzen dienten als Leitfaden für die in den Landgütern Karls anzubauenden Pflanzen. Diese sollten die Versorgung der kaiserlichen Gefolgschaft auf ihren Reisen sicherstellen. Die 812 erstellte *»Capitulare de villis«* bildete zugleich die Grundlage der europäischen Gartenkultur. Der Schlafmohn durfte dabei nicht fehlen: An 47. Stelle findet sich der entsprechende Hinweis auf *Papaver somniferum.*

Mohnkapseln – nicht nur floristische Hingucker

In Blumenläden findet man häufig große getrocknete Mohnkaspeln. Nach dem Betäubungsmittelgesetz dürfen nur entmorphinierte Kapseln in den Handel kommen. Die Mohnkapseln werden daher chemisch behandelt, anschließend häufig zusätzlich gebleicht. Und – um die optische Wirkung der Kapseln zu erhöhen – zum Teil gefärbt. Lange Rede kurzer Sinn: Wer sich im Handel Mohnkapseln kauft, um damit seine Wohnung zu dekorieren, erhält in der Regel ein chemisch intensiv behandeltes Produkt mit entsprechenden Rückständen.

Wer seine Umgebung gerne mit Mohnkapseln schmücken möchte, sollte deshalb einfach einen Spaziergang im Sommer zum Pflücken ausgereifter Klatschmohn-Kapseln nutzen – falls er nicht auf im Garten blühende Mohnsorten zurückgreifen kann. Die noch grünen Stängel und Kapseln sollte man beim Pflücken nicht mitnehmen – sie werden beim Trocknen runzelig. Ihre Form behalten lediglich die an der Pflanze abgetrockneten Kapseln. Noch ein Tipp: Die Kapseln gleich vor Ort ausschütteln – dann ist die Mohnblüte im nächsten Jahr gesichert. Dekorativer sind natürlich die großen Kapseln des Orientalischen Mohns oder Schlafmohns.

Fasziniert von der Samenkapsel des Klatschmohns war auch Raoul Heinrich Francé, ein 1874 in Wien geborener Botaniker, Mikrobiologe und Pionier der Bionik – der Verbindung von Biologie und Technik. Auf der Suche nach einem Hilfsmittel, das ihm das gleichmäßige Ausstreuen von Saatkörnern ermöglichen sollte, fand er in der Klatschmohnkapsel das geeignete Vorbild. Er entwickelte daraus einen Salzstreuer, für den ihm unter der Nummer 723 730 Gebrauchsmusterschutz durch das Patentamt zugestanden wurde. Auch wenn der »Streuer für Gewürze, Medikamente u. dgl.« noch nicht komplett ausgereift war (die Mohnkapsel ist auf weite und breite Streuung ihrer Samen optimiert, ein Salzstreuer soll jedoch zielgenau und nicht unbedingt breit streuen), gilt er dennoch als eines der ersten Bionik-Produkte überhaupt.

Ob im Klostergarten St. Gallen oder auf der Insel Reichenau bei dem Benediktinermönch und Botaniker Walahfrid Strabo (808 – 849) – der Schlafmohn wurde als Vertreter der beruhigenden und schlafbringenden Heilpflanzen angebaut. Walahfrid würdigt den Schlafmohn mit den Worten:

»Gern erwähne ich hier im leichten Gedicht auch den Schlafmohn der Ceres, den – wie man erzählt – die Mutter Latona voll Trauer über den Raub ihrer Tochter in Fülle aß, damit erwünschtes Vergessen ihr Herz von maßlosem Kummer befreie. Mit Hilfe des Mohns wird auch oft, wie es scheint, ein schlimmes Geschwür unterdrückt, das tief aus der Brust furchtbar bitteres Aufstoßen bis zur Pforte des Mundes würgend hochsteigen lässt. Der Mohnkopf, gefüllt mit Samenkörnern, pflegt sich auf vorgeneigtem, schwachem Hals zur Höhe zu heben; auch birgt er, ganz wie der Granatapfel, der nach dem Punischen Lande benannt ist, zahlreiche Körner von preislicher Wirkung in der weiten Hülle der Schale. Ihren lautmalenden Namen erhielt die Pflanze vom Geräusch beim Mampfen.«

Walahfrid Strabo
De cultura hortorum

Mit der Erfindung des Buchdrucks erfreuten sich auch Kräuter- und Pflanzenbücher wachsender Beliebtheit. So verbreiteten sich die Kenntnisse um die Wirkungsweisen der Pflanzen weiter. Das aus dem Schlafmohn gewonnene Opium wurde vom 9. Jahrhundert bis zum Spätmittelalter zusammen mit Nachtschattengewächsen als Schmerzmittel bei Operationen eingesetzt. Gleichzeitig differenzierte sich die Botanik, ebenso wie die Medizin, als eigenständiges Wissenschaftsgebiet. Und auch die ästhetische Seite der Schlafmohnpflanze fand zunehmend Beachtung.

Zierformen des Schlafmohns – mit geschlitzten oder gefüllten Blüten – sind seit dem 16. Jahrhundert in den Gärten Mittel- und Nordeuropas verbreitet. Die Pflanzenliste des *»Hortus Eystettensis«* (um 1613) zählt allein acht Zierformen des Schlafmohns auf. Etwa zur gleichen Zeit preisen englische Botaniker den Mohn als herausragende Blütenpflanze. »Tulpe der ärmeren Dorfbewohner« nannte im 18. Jahrhundert der Dichterpfarrer Friedrich Schmidt von Werneuchen (1764 – 1838) den Schlafmohn.

Gleichzeitig revolutionierte Philippus Theophrastus Aureolus Bombast von Hohenheim (1493 – 1541), der unter dem Namen Paracelsus in die Medizingeschichte einging, die Heilkunde. Mit zahlreichen Tinkturen, Pulvern und Elixieren, die die Kraft der Natur potenzieren sollten, erzielte er beachtliche Heilerfolge. Unsterblich gemacht hat ihn sein Leitmotiv: »All Ding' sind Gift und nichts ohn' Gift; allein die Dosis macht, das ein Ding kein Gift ist«. Diesem Grundsatz folgte auch seine Rezeptur für »Laudanum«, eine Opiumtinktur, die er als Schmerzmittel und für ruhigen Schlaf empfahl, zugleich aber auch als universelles Allheilmittel anpries.

Im 17. Jahrhundert machte der mit Safran, Gewürznelken, Zimt und Portwein versetzte Opiumsaft »Liquidum laudanum Sydenham« in England gerade unter der ärmeren Bevölkerung Furore – er diente als billige Alternative zu Gin. Benannt ist diese Rezeptur nach Thomas Sydenham (1624 – 1689), einem Londoner Arzt. Selbst Säuglingen wurde der Trank zur Beruhigung verabreicht, damit sie in einen sanften Schlaf verfielen und ihre Eltern währenddessen arbeiten konnten. Sydenhams Laudanum gilt als eines der ersten standardisierten Medikamente und hatte nicht nur in England, sondern auch auf dem Kontinent Erfolg. Ebenso das im 18. Jahrhundert entwickelte »Dovers Pulver« – benannt nach Thomas Dover (1662 – 1742), der Opiumpulver mit Lakritze und einem aus Südamerika stammenden Brechmittel versetzte. Letzteres, um Überdosierungen zu verhindern. Dovers Pulver wurde nicht nur in Apotheken verkauft, sondern auch bei Lebensmittelhändlern.

Schlafmohn, Nachtschattengewächse und Alkohol hatten als berauschende Mittel so ihren festen Platz in der europäischen Gesellschaft.

Anfang des 19. Jahrhunderts gelang erstmals die Extraktion des im Mohnsaft enthaltenen Morphins durch den Apotheker Friedrich Sertürner (1783 – 1841). Die industrielle Herstellung des Morphins ließ nicht lange auf sich warten: 1827 begann das in Darmstadt ansässige Unternehmen E. Merck die Produktion von Morphin im großtechnologischen Stil. Auf der Suche nach einem weniger Sucht erzeugenden Schmerzmittel stellten Chemiker des Unternehmens Bayer aus Morphin Ende des 19. und Anfang des 20. Jahrhunderts das teilsynthetische Opiat Diacethylmorphin her, besser bekannt unter dem Namen Heroin. Der Stoff wurde als Hustensaft auf den Markt gebracht und erfreute sich zunächst großer Beliebtheit. Diese Euphorie legte sich bald, als man das enorme Suchtpotential des Heroins – es macht noch stärker süchtig als Morphin – mehr und mehr erkannte.

Der Mohn

Wie dort, gewiegt von Westen,
Des Mohnes Blüthe glänzt!
Die Blume, die am besten
Des Traumgotts Schläfe kränzt;
Bald purpurhell, als spiele
Der Abendröthe Schein,
Bald weiß und bleich, als fiele
Des Mondes Schimmer ein.

Zur Warnung hört' ich sagen,
Daß, der im Mohne schlief,
Hinunter ward getragen
In Träume schwer und tief;
Dem Wachen selbst geblieben
Sei irren Wahnes Spur,
Die Nahen und die Lieben
Halt' er für Schemen nur.

In meiner Tage Morgen,
Da lag auch ich einmal,
Von Blumen ganz verborgen,
In einem schönen Thal.
Sie dufteten so milde!
Da ward, ich fühlt' es kaum,
Das Leben mir zum Bilde,
Das Wirkliche zum Traum.

Seitdem ist mir beständig,
Als wär' es nur so recht,
Mein Bild der Welt lebendig,
Mein Traum nur wahr und echt;
Die Schatten, die ich sehe,
Sie sind wie Sterne klar.
O Mohn der Dichtung! wehe
Ums Haupt mir immerdar!

Ludwig Uhland (1787 – 1847)

Opiumkriege

Die Entdeckung Amerikas führte zum Aufbau weltweiter Handelswege, auf denen nicht zuletzt auch berauschende Substanzen begehrte Handelswaren darstellten. So trat insbesondere der Tabak seinen Siegeszug von Amerika über Afrika nach Asien und dort vor allem nach China an. Zu Beginn des 18. Jahrhunderts war das Tabakrauchen in China weit verbreitet. Zudem fand man in China wachsendes Gefallen daran, Tabak mit Opium zu vermischen. Portugiesen und Niederländer, die den Handel mit dem begehrten Rauschmittel zunächst dominierten, versorgten China mit entsprechendem Nachschub. In Westindien und Bengalen hatten sie zu diesem Zweck seit dem 16. Jahrhundert Mohnplantagen angelegt.

China war mit seinen in Europa beliebten Produkten wie Porzellan, Seide und Tee ein begehrter Handelspartner. Gerade der Tee, für dessen Anbau und Verarbeitung China ein Monopol inne hatte, erfreute sich seit dem 17. Jahrhundert in Europa, vor allem in England, einer wachsenden Beliebtheit. Mangels anderer für China interessanter Handelswaren mussten die Briten die stetig steigenden Teeimporte mit Silber bezahlen. Allein im ersten Jahrzehnt des 19. Jahrhunderts flossen über die den Handel abwickelnde Britische Ostindien-Kompanie 1000 Tonnen Silber von Großbritannien nach China.

Die Silberreserven Englands schmolzen dahin. Die britische Regierung suchte daher nach Wegen, den Handel mit China auf eine andere Basis zu stellen. Dabei kam dem Opium, das sich in China steigender Beliebtheit erfreute, eine zentrale Rolle zu. Da die Anbaugebiete in Bengalen gerade in britische Hände gefallen waren, reorganisierte die Britische Ostindien-Kompanie den dortigen Mohnanbau neu und weitete ab 1820 den Opiumexport nach China systematisch aus – ungeachtet eines offiziell bestehenden chinesischen Opiumhandelsverbots. In nur 15 Jahren stieg die an China gelieferte Opiummenge um das Fünffache. Die Folge: Die chinesische Handelsbilanz rutschte ins Defizit. Der übermäßige Opiumkonsum schwächte zudem die Verwaltung, das Militär und damit auch die Wirtschaft des chinesischen Kaiserreichs.

Als sich 1839 die chinesische Regierung zur Wehr setzte, den Opiumhandel verbot und Opium tonnenweise ins Meer schütten ließ, griff England zu militärischen Mitteln. Zwar gab es keine offizielle englische Kriegserklärung, dennoch entsendete man einen Flottenverband nach Asien – der 1. Opiumkrieg begann.

Britische Truppen besetzten in Folge Hongkong und weitere chinesische Häfen. Der chinesischen Armee, geschwächt nicht zuletzt durch den weit verbreiteten Opiumkonsum, gelang es nicht, die englischen Angriffe abzuwehren.

1842 wurde der 1. Opiumkrieg durch den Vertrag von Nanking beendet. China verpflichtete sich in diesem »ungleichen Vertrag« dazu, Hongkong an England abzutreten, wichtige Handelshäfen zu öffnen, freien Handel – auch für Opium – zuzulassen und Reparationszahlungen zu leisten. Für China bedeutete die Niederlage den Abstieg von einer Hegemonialmacht zur faktischen Kolonie Englands mit der Folge, dass die innere Stabilität des chinesischen Kaiserreichs zunehmend ins Wanken geriet.

1856 begann der 2. Opiumkrieg, der bis 1860 dauern sollte. Wiederum waren Versuche der chinesischen Regierung, gegen den Opiumhandel vorzugehen, der Auslöser. Auch diesmal unterlag China. Erst im 20. Jahrhundert gelang es China, die staatliche Kontrolle über Opiumhandel und -produktion wiederherzustellen. Grund dafür war zum einen, dass Schlafmohn nun vermehrt im eigenen Land angebaut wurde, die Bedeutung der Importe dadurch sank. Zum anderen hatte sich in Europa die Einstellung zum Opiumhandel geändert. Mehr und mehr wurden die Gefahren des Opiumkonsums in den Vordergrund gestellt, auch weil man fürchtete, der in den Gemeinschaften chinesischer Immigranten grassierende Opiumkonsum könne auf die europäischen Gesellschaften übergreifen. 1911 fand in Den Haag die erste internationale Opiumkonferenz statt, in deren Folge viele Staaten strenge Gesetze zur Kontrolle von Opiumgewinnung und Opiumhandel erließen – darunter auch China.

War die Wende vom 19. zum 20. Jahrhundert noch durch eine wissenschaftliche Drogeneuphorie gekennzeichnet, die auch in der romantischen Verklärung des Opiumkonsums in der Welt der Künstler und Bohemiens ihren Ausdruck fand, so begann schon kurze Zeit danach ein Umdenken. Drogen – allen voran das Opium – wurden gesellschaftlich mehr und mehr geächtet. Denn der Opiumkonsum beschränkte sich längst nicht mehr auf China und Indien. Auch in Frankreich und Großbritannien sowie in den USA wirkte sich die in den großen Städten grassierende Opiumsucht negativ auf Gesundheitswesen, Militär, Handel und Industrie aus.

Auf Initiative der USA und Großbritanniens fand 1909 die »Internationale Opiumkonferenz« in Shanghai statt. Zielte diese Konferenz noch hauptsächlich auf eine Eindämmung des Opiumkonsums in China, so stand bei den in den Jahren 1911, 1912 und 1914 in Den Haag abgehaltenen Konferenzen die weltweite Kontrolle des Opiumhandels und weiterer potentieller Suchtmittel im Vordergrund. Die erzielten internationalen Abkommen waren nicht nur in Deutschland Grundlage für eine entsprechende nationale Gesetzgebung, die den Handel und den Vertrieb von Opium und daraus synthetisierten Produkten strengen Kontrollen unterwarf und lediglich den Einsatz für medizinische und wissenschaftliche Zwecke erlaubte.

Internationale Abkommen und nationale Gesetze fokussierten sich ausschließlich auf Opium und andere als schädlich angesehene Substanzen und Pflanzen, wie Kokain oder Hanf. Der Schlafmohnanbau selbst war keinerlei Kontrollen unterworfen. Und da die Mohnsamen auch in der europäischen Küche traditionell für die Herstellung von Backwaren Verwendung fanden, unterlag der Schlafmohn in Europa keinerlei Anbaurestriktionen.

In Deutschland propagierten die Nationalsozialisten in den dreißiger und vierziger Jahren sogar verstärkt den Anbau von Schlafmohn. Ende der zwanziger Jahre wurde in Deutschland auf einer Fläche von rund 3000 Hektar Mohn angebaut. Traditionelle Anbaugebiete waren Württemberg, Baden, Thüringen, Sachsen und Schlesien. Die Ernte konnte den inländischen Bedarf jedoch bei weitem nicht decken: Mehr als 50 000 Doppelzentner Mohnsamen wurden eingeführt. Teil der von den Nationalsozialisten verfolgten Autarkiebestrebungen im Rahmen der »Erzeugungsschlacht« war deshalb auch, diese Einfuhrmengen zu verringern. Dazu hätte die Anbaufläche auf rund 9000 Hektar ausgeweitet werden müssen.

Eine besondere Bedeutung kam dem Mohn auch deshalb zu, weil er als Ölfrucht zu den potentiellen Fettlieferanten gehörte. Mohn sollte ebenso wie Raps, Rübsen, Lein und andere Ölsaaten einen Beitrag zur Beseitigung der »Fettlücke« – dem generellen Mangel an Ölen und Fetten – leisten. Wie alle Ölsaaten unterlag der Anbau von Schlafmohn der öffentlichen Bewirtschaftung. Garantierte Abnahmepreise sollten den Landwirten den Anbau von Ölsaaten schmackhaft machen. Schlafmohn spielte jedoch im Vergleich zur wichtigsten Ölsaat, dem Raps, mengenmäßig nur eine untergeordnete Rolle. So zeigten die Bemühungen um eine Ausweitung der Anbaufläche nur begrenzten Erfolg: Bis Ende der dreißiger Jahre konnte der Schlafmohnanbau nur minimal ausgeweitet werden.

Mit dem Beginn des Zweiten Weltkriegs propagierten die Verwalter der nationalsozialistischen Landwirtschaft nochmals intensiv den Anbau von Schlafmohn. 1942 musste gewerblich angebauter Mohn restlos in die Ölgewinnung eingebracht werden, die Verwendung zum Backen und zur Zubereitung von Speisen war bei Strafandrohung untersagt. Im Waldviertel – dem traditionellen Mohnanbaugebiet Österreichs – hieß der trotz Verbot heimlich gebackene Strudel denn auch »Galgenstrudel«.

Mit dem kriegsbedingten Ansteigen der Verwundetenzahlen stieg zudem die Bedeutung des Schlafmohns als Morphinlieferant. An die Landwirte erging deshalb der Appell, leere Mohnkapseln zu sammeln und bei entsprechenden Ankaufstellen abzugeben, weil die Kapseln »einen Wirkstoff enthalten, der zur Herstellung wichtiger Arzneimittel verwendet wird«[2]. Dass mit diesem Wirkstoff Morphin gemeint war und dieses für die unter Schmerzen leidenden verwundeten Soldaten benötigt wurde, verschwieg die Propaganda geflissentlich. Das in Deutschland gewonnene Morphin reichte dennoch nicht aus. Aus Osteuropa und dem Balkan wurde daher zusätzlich Rohopium eingeführt.

Nach dem Zweiten Weltkrieg wurden die Bemühungen gegen den internationalen Drogenhandel wieder aufgenommen. Nun erstreckten sich diese auch auf den Anbau des Schlafmohns. Der Produktion von Opium sollte der Nährboden entzogen werden. 1953 wurde in New York ein weiteres Opiumabkommen geschlossen, das von Deutschland 1959 ratifiziert wurde. Davon unberührt ging der illegale Anbau von Schlafmohn im sogenannten »Goldenen Dreieck« – Thailand, Birma, Laos – und im »Goldenen Halbmond« – Pakistan, Afghanistan, Iran – weiter. Der blühende und lukrative weltweite Drogenmarkt konnte so weiterhin auf einen wichtigen Grundstoff zurückgreifen.

Mohnöl

Mohn zählt zu den Ölsaaten. Diese Einordnung weist darauf hin, dass das im Mohn enthaltene Fett (Anteil rund 40 Prozent, je nach Sorte bis durchschnittlich 50 Prozent) in Form von Öl gespeichert ist. Für einen Liter hochwertiges Mohnöl benötigt man drei bis vier Kilogramm Samen. Schon im Mittelalter wurden Ölmühlen entwickelt, mit deren Hilfe das in Ölsaaten (zu denen unter anderem auch Raps, Rübsen, Sonnenblumen oder Lein gehören) enthaltene Öl herausgepresst wurde. Lediglich durch Druck gewonnene Pflanzenöle werden auch als »kalt gepresste Öle« bezeichnet. Wichtige Inhaltsstoffe (zum Beispiel Vitamin E) bleiben dabei ebenso wie typische Geschmacksstoffe erhalten. Gleiches gilt leider auch für die von der Pflanze aufgenommenen Schadstoffe, vor allem Pflanzenschutzmittel. Aus diesem Grund ist es empfehlenswert, kalt gepresstes Öl aus Bioanbau zu erwerben.

Aus Mohn wird durch die Kaltpressung ein hellgelbes, intensiv nussig riechendes und schmeckendes Öl gewonnen. Wie alle kalt gepressten Öle sollte es kühl und vor Licht geschützt gelagert werden. Angebrochene Flaschen mit Mohnöl bewahrt man deshalb am besten im Kühlschrank auf. Dort kann man es problemlos einige Monate lagern.

Ranziges Öl – bei dem der Kontakt mit Sauerstoff bereits zu einem Abbau wertvoller Fettmoleküle geführt hat – sollte man nicht mehr verwenden. Der schlechte Geruch und Geschmack des Öls verdirbt nicht nur Speisen, sondern auch den Appetit. Auch die ernährungsphysiologisch gute Qualität ist nicht mehr gewährleistet. Es ist deshalb ratsam, bei geringem Verbrauch nur kleinere Mengen des Mohnöls zu Hause aufzubewahren.

Mohnöl wird hauptsächlich für Salate, Kaltgerichte oder Müslis verwendet, da es sich nicht zum Erhitzen eignet. Doch warum sollte man sich überhaupt die Mühe machen, auf die Suche zu gehen nach dem im Handel eher selten zu findenden Mohnöl?

Die Frage lässt sich mit einem Blick auf die Zusammensetzung des Mohnöls beantworten. Mit einem Anteil von rund 60 Prozent ist Linolsäure (eine Omega-6-Fettsäure) Hauptbestandteil der enthaltenen Fettsäuren. Nur das Öl der Färberdistel (Saflor) hat durchschnittlich einen leicht höheren Gehalt an Linolsäure. Als weitere Bestandteile des Mohnöls folgen Ölsäure (etwa 30 Prozent) und alpha-Linolensäure (etwa fünf Prozent, eine Omega-3-Fettsäure).

Diese drei Fettsäuren zählen zu den ungesättigten Fettsäuren. Im Gegensatz zu gesättigten Fettsäuren sind bei ihnen eine oder mehrere Kohlenstoffverbindungen doppelt angelegt. So ist Ölsäure eine einfach ungesättigte, Linolsäure eine zweifach ungesättigte, alpha-Linolensäure eine dreifach ungesättigte Fettsäure. Unter den pflanzlichen Ölen zählt Mohnöl zusammen mit den Ölen aus Färberdistel, Sonnenblume, Hanf, Raps und Lein bezüglich seines Anteils an ungesättigten Fettsäuren zu den Spitzenreitern.

Linolsäure und alpha-Linolensäure sind essentielle Fettsäuren, das heißt, der menschliche Körper kann sie nicht selbst bilden und ist deshalb zur Erhaltung lebenswichtiger Funktionen auf eine Zufuhr durch die Nahrung angewiesen. Die positiven gesundheitlichen Wirkungen der Linolsäure und der alpha-Linolensäure sind allgemein anerkannt. Beiden wird eine entzündungshemmende Wirkung zugeschrieben.

Linolsäure kann zudem Hautschäden (trockene, juckende Haut in den Wintermonaten, Belastungen durch Sonnenstrahlung) mindern. Sie wird daher auch für Kosmetika verwendet. Man kann auch einfach einige Tropfen Mohnöl in die Haut einreiben – das Öl zieht schnell ein und verströmt seinen angenehmen, nussigen Duft. Auch das Immunsystem profitiert von der Linolsäure.

Alpha-Linolensäure verbessert darüber hinaus die Fließeigenschaften des Blutes und kann so Ablagerungen in den Blutgefäßen vorbeugen.

Außerdem im Mohnöl enthalten sind unter anderem Lecithin, das für den Aufbau der Körperzellen benötigt wird und am Fettstoffwechsel beteiligt ist, sowie Vitamin E, das unter anderem die Zellen vor einer ungünstigen Oxidation durch freie Radikale schützen kann.

Mohnöl fand jedoch nicht nur als Speiseöl Verwendung. Bereits im 18. Jahrhundert wurde es als Lampenöl gepriesen – es ruße weniger als Baumöl oder Rüböl. Im österreichischen Waldviertel wurde Mohnöl deshalb im Mittelalter genutzt, um das auf den Altären brennende »Ewige Licht« zu nähren. Die ansässigen Mohnbauern waren verpflichtet, einen Teil ihrer Mohnernte an die Klöster abzugeben. Durch heißes Nachpressen des bei der Kaltpressung übrig bleibenden Presskuchens gewinnt man ein rötliches Öl, das für die Herstellung von Malerfarben und Seife verwendet wird. Der Mohnpresskuchen kann ebenso wie die Mohnsaat wegen seines hohen Eiweißgehaltes als Futtermittel, zum Beispiel für Geflügel, dienen.

43

Der Schlafmohnanbau heute

Größere legale Anbaugebiete des Schlafmohns finden sich heute in Indien. In Europa gibt es bedeutende Anbauflächen in Polen, Tschechien, Frankreich, Holland, Spanien, Dänemark, Österreich und der Türkei. In der südlichen Hemisphäre wird lediglich in Tasmanien Schlafmohn angebaut. In der Türkei bedeutet legaler Anbau: Die Felder werden streng kontrolliert. Bewaffnete Ordnungskräfte stellen sicher, dass niemand die unreifen Samenkapseln unerlaubt zur Opiumgewinnung nutzt. Doch auch dort zielt der Schlafmohnanbau nicht nur auf die Gewinnung der Samenkörner. Die getrockneten Stängel dienen als Brennmaterial. Aus den trockenen Samenkapseln werden Alkaloide zur Herstellung von Medikamenten gewonnen – die Türkei ist derzeit weltweit größter Alkaloidproduzent. Im türkischen Afyon, einer traditionellen Mohnanbauregion, wurde dazu die »Alkaloidleri Fabrikası« errichtet, die die begehrten Rohstoffe aus dem Mohnbruch extrahiert und in zahlreiche Länder exportiert.

Der Anbau von Schlafmohn ist arbeitsintensiv: Mehrmals muss Unkraut entfernt werden, die Ernte ist aufwendig. Während in der Türkei vorwiegend Handarbeit den Mohnanbau prägt, sind in Österreich Maschinen aus dem Anbau nicht mehr wegzudenken. Doch auch dort wird Mohn teilweise per Hand geerntet. Bewaffnete Ordnungshüter sind jedoch um die Orte Armschlag und Ottenschlag im österreichischen Waldviertel, in denen in den letzten Jahrzehnten – nach einem Rückgang des Mohnanbaus in den fünfziger Jahren – wieder verstärkt Mohn angebaut wird, nicht anzutreffen. Die Gesetzgebung in Österreich ist anders, zudem werden dort vorwiegend morphinarme Sorten zur Samengewinnung angebaut. Eine Spezialität ist der »Waldviertler Graumohn«, der im Gegensatz zu den sonst meist angebauten Schlafmohnsorten Kapseln mit Öffnungen bildet und somit ein Schüttmohn ist. Dieser findet nicht nur in der lokalen Küche Verwendung, sondern ist auch für den Tourismus interessant: Ein Mohnmuseum mit unzähligen Mohnmühlen, einer begehbaren Mohnkapsel und einem Verkaufsraum mit allem, was das Herz des Mohnliebhabers begehrt, locken Besucher ebenso wie Mohnwandertage und die Blüte der Mohnfelder im Juli. Mit Stolz verweisen die Waldviertler zudem darauf, dass ihr Graumohn bis 1937 an der Londoner Produktenbörse notiert wurde.

Im Vergleich zu anderen europäischen Ländern herrschen in Deutschland die schärfsten Beschränkungen für den Anbau von Schlafmohn. Dieser fällt unter das deutsche Betäubungsmittelgesetz (BTMG), ist damit

In die Irre geführt

Liebhaber mohnhaltiger Backwaren oder Drogenkonsument? Die Frage ist nicht so leicht zu beantworten. Denn auch die Samen des *Papaver somniferum* können, wenn auch nur in geringen Mengen, Opiate enthalten – darunter Morphin und Codein. Gesundheitliche Beeinträchtigungen, Schäden oder Abhängigkeit sind durch den Verzehr von Mohnsamen nicht zu befürchten. Aber: Im Urin und auch im Blut können die Morphinwerte nach dem Essen von mohnhaltigen Speisen ansteigen (siehe auch Seite 48).

Das ist der Grund, warum Insassen deutscher Justizvollzugsanstalten auf den Verzehr von Mohnbrötchen, Mohnkuchen und anderen mit Mohn hergestellten Speisen verzichten müssen. Bereits Mitte der achtziger Jahre wurde der Zusammenhang zwischen Mohnsamenkonsum und erhöhten Morphinwerten in Urin und Blut untersucht. Immer wieder erklärten positiv auf Drogenkonsum getestete Strafgefangene, lediglich Mohnsamen zu sich genommen zu haben. Und das war nicht immer nur eine faule Ausrede. Der Verzehr von Mohn kann mehrere Tage lang zu erhöhten Morphinwerten im Urin führen. Im Blut sind erhöhte Werte bis zu 24 Stunden nachweisbar.

Daher hatte ein Inhaftierter einer Strafanstalt in Baden-Württemberg keine Chance mit seiner Beschwerde gegen ein von der Anstaltsleitung erlassenes Verbot, mohnhaltige Backwaren zu verzehren. Das Oberlandesgericht Karlsruhe stellte 2003 klar: Da bei Drogentests nicht unterschieden werden könne, ob erhöhte Morphinwerte auf den Konsum von Mohnsamen oder die Einnahme von Drogen zurückzuführen seien, ist das Mohnverzehrverbot für Strafgefangene rechtens. Im Übrigen werde durch diese Vorschrift das Recht des Inhaftierten auf eine ausgewogene Ernährung nicht eingeschränkt.

genehmigungspflichtig und an strenge Auflagen gebunden – eine Maßnahme, die den Mohnanbau im westlichen Nachkriegsdeutschland fast völlig zum Erliegen brachte. Dagegen konnten sich in der DDR bis zur Wende Anbaugebiete in Thüringen und Sachsen-Anhalt halten – im Durchschnitt insgesamt rund 5000 Hektar. Zeitweise wurden sogar weitaus mehr Hektar mit Mohn bestellt, um die Samen nicht teuer importieren zu müssen. Mit der Ausweitung des BTMG auf das ehemalige Staatsgebiet der DDR stand der Mohnanbau auch dort weitestgehend vor dem Aus.

Eine Änderung brachte Mitte der neunziger Jahre die Zulassung der morphinarmen Sorte 'Przemko'. Die bis dahin geltende Auflage, Schlafmohn nur auf relativ kleinen Flächen und mit Sichtschutz – beispielsweise umgeben von hohen Maissaaten – anzupflanzen, entfiel. Inzwischen wurde die Zulassung für 'Przemko' wieder zurückgezogen. Zurzeit sind in Deutschland die ebenfalls morphinarmen (weniger als 0,02 Prozent Morphin) Schlafmohnsorten 'Mieszko' (Sommermohnsorte, Aussaat im Frühjahr) und 'Zeno Morphex' (Wintermohnsorte, Aussaat im Herbst) zugelassen. Pro Jahr werden in Deutschland aktuell wieder zwischen 70 und 120 Hektar mit Schlafmohn bestellt – eine beachtliche Steigerung gegenüber der Anbaufläche des Jahres 2002 von rund zwei Hektar. Im Vergleich zu früher ist das jedoch eine eher unbedeutende Größenordnung. Die wichtigsten regionalen Anbauschwerpunkte liegen in Sachsen-Anhalt, Bayern, Rheinland-Pfalz und Niedersachsen.

Aktuell haben rund 60 Landwirte in Deutschland eine Genehmigung zum Anbau von Schlafmohn. Diese wird von der beim Bundesinstitut für Arzneimittel und Medizinprodukte (BfArM) angesiedelten Bundesopiumstelle erteilt. Neben landwirtschaftlichen Betrieben und wissenschaftlichen Einrichtungen (wie botanischen Gärten) können dort auch Privatgärtner eine Genehmigung für die Aussaat der beiden zugelassenen Schlafmohnsorten beantragen. Entsprechende Antragsformulare finden sich auf der Internetseite der BfArM (siehe Seite 150). Privaten Anbauern wird eine maximale Anbaufläche von zehn Quadratmetern zugestanden. Wer zum ersten Mal eine Genehmigung beantragt, erhält diese mit einer auf zwei Jahre laufenden Befristung. Da mit der Genehmigung eine Bearbeitungsgebühr von 75 Euro verbunden ist, mag es nicht verwundern, dass aktuell lediglich 25 Privatleute aus dem gesamten Bundesgebiet über eine solche Erlaubnis verfügen. Außerdem sind deren Inhaber verpflichtet, die jährlich angebaute Fläche an die Bundesopiumstelle zu melden.

Auch wenn einzelne regionale Initiativen versuchen, den Mohnanbau in Deutschland zu stärken – die so erzielten Erntemengen können den hiesigen Bedarf bei weitem nicht decken. So importiert Deutschland pro Jahr derzeit etwa 10 000 Tonnen Mohnsamen, der vor allem aus der Türkei, aus Tschechien, Ungarn und Österreich, aber auch aus Indien stammt, wo der Mohn meist preisgünstiger als hierzulande angebaut werden kann. Abnehmer sind zu rund je einem Drittel Großbäckereien, der Bäckereigroßhandel sowie der Lebensmitteleinzelhandel.

Rezepte mit Mohn

Keine Angst vor Mohnsamen

Mohngebäck und Speisen mit Mohnsamen können Sie unbeschwert genießen. Aktuelle Untersuchungen haben gezeigt, dass Mohnsamen und Lebensmittel mit Mohn hinsichtlich möglicher Morphingehalte kein Grund zur Sorge sind. Doch was veranlasste die Lebensmittelüberwachung überhaupt dazu, Mohnsamen einer Analyse hinsichtlich ihrer Unbedenklichkeit zu unterziehen?

Die Auslöser für die Tests liegen einige Jahre zurück. Es war unter anderem die Morphinvergiftung eines Säuglings. Die Mutter hatte Mohnsamen in Milch abgekocht und diese dem Kind zur Beruhigung verabreicht, worauf dieses mit Vergiftungssymptomen in ein Krankenhaus eingeliefert werden musste.

Bei Untersuchungen verschiedener Mohnimporte, die in der Folge durchgeführt wurden, hat sich dann gezeigt, dass der Morphingehalt von Speisemohn offensichtlich insgesamt angestiegen war und die festgestellten Morphingehalte zudem variieren. Die gemessenen Gehalte lagen in dieser Studie zwischen 0 und 330 µg Morphin pro Gramm Mohn.

Als Folge dieser Tests hat das Bundesinstitut für Risikobewertung (BfR) auf Basis der geschätzten täglich verzehrten Mohnmenge einen Richtwert von maximal 4 µg Morphin pro Gramm Mohn abgeleitet. Dieser Richtwert soll sicherstellen, dass die vom BfR berechnete »vorläufige maximale Aufnahmemenge« von täglich 6,3 µg Morphin pro Kilogramm Körpergewicht nicht überschritten wird. Sie gilt für einen Durchschnittserwachsenen als gesundheitlich unbedenklich.

Zum Vergleich: Zur Abschätzung der verzehrten Mohnmenge ging das BfR von einem täglichen Mohnverzehr von gut 110 Gramm (zwei Stück Mohnkuchen von jeweils 200 Gramm und einem Mohnanteil von gut 25 Prozent) sowie einem Körpergewicht von 70 Kilogramm aus.

Natürlicherweise enthalten Mohnsamen nur Spuren von Opiaten – wenn überhaupt. Einfluss auf Vorhandensein und Menge hat zum Beispiel die Mohnsorte: Es gibt viele Zuchtsorten, die sich teilweise erheblich hinsichtlich ihres Gehaltes an Alkaloiden unterscheiden – morphinarme Sorten mit großen Körnern zum Kochen und Backen neben morphinreichen Sorten für Pharmazie und Rauschgifthandel. Auch der Erntezeitpunkt, die Erntemethode und die geografische Herkunft sowie das Klima beeinflussen den natürlichen Opiatgehalt der Samen und der ganzen Pflanze.

Aufgrund von Verunreinigungen kann Mohnsamen jedoch einen höheren Morphingehalt aufweisen. Der Grund: Bei neueren, maschinellen Erntemethoden werden die Samenkapseln gequetscht, um an die begehrten Mohnsamen zu gelangen. Sind unreife Kapseln dabei, kann der darin enthaltene Milchsaft die Samenkörner kontaminieren – wie auch Bruchstücke der Pflanze. Auch der Anbau morphinarmer und morphinreicher Sorten auf dem gleichen Feld sowie einer Sorte, die gleichzeitig der Samenproduktion und der Pharmazie dienen soll, kann bei der Ernte zu Verunreinigungen der Samen führen. So erklärt man sich den signifikant erhöhten Morphingehalt in einzelnen untersuchten Blaumohnchargen. In der Regel sind die Werte nicht erhöht.

Morphin dient in der Medizin vor allem als Schmerzmittel. Zu den Nebenwirkungen des Medikamentes zählen unter anderem Übelkeit, Erbrechen, Herz-Kreislauf-Probleme und Atembeschwerden. Sind Mohnsamen extrem hoch mit morphinhaltigem Milchsaft verunreinigt, kann im ungünstigen Fall schon beim Verzehr einer üblichen Menge eines mohnreichen Lebensmittels eine Morphinmenge aufgenommen werden, die im therapeutischen Bereich liegt. Die genannten Nebenwirkungen können die Folge sein. Eine therapeutische Einzeldosis eines verordneten Morphinmedikamentes enthält meist zwischen 7 und 46 Milligramm Morphin. Als niedrigste therapeutische orale Einzeldosis gilt eine Menge von 1,9 Milligramm Morphin.

Hersteller und Produzenten von Mohn, Mohnfüllungen und Mohngebäck haben in letzten Jahren regelmäßige Kontrollen der Mohnchargen und der daraus hergestellten Mischungen und Backwaren eingeführt. Aktuelle Untersuchungen zeigen lediglich minimale Morphinhgehalte unterhalb des Richtwertes. Wer dennoch sichergehen will, nur Mohn mit geringem Morphingehalt zu verwenden, kann den Samen vor der Verwendung mit Wasser waschen. Auch andere Verarbeitungsschritte wie Mahlen, Dämpfen, Trocknen oder Backen können einen möglichen Morphingehalt der Samen verringern. Als zusätzliche Vorsichtsmaßnahme gilt der Rat, bei der Zubereitung von Babynahrung generell auf Mohn zu verzichten. Auch Schwangere sollten eher zurückhaltend sein, gegen einen gelegentlichen Verzehr ist aber nichts einzuwenden.

Kochen und backen mit Mohn

Ob im Supermarkt oder im Naturkostladen – Blaumohnsamen ist überall im Lebensmittelhandel erhältlich – in konventioneller Qualität und in Bioqualität. In großen Lebensmittelmärkten erhält man auch bereits gemahlenen Blaumohn. Weißmohn und Graumohn ist in Deutschland meist nur im Versandhandel erhältlich. Graumohn kann man zum Beispiel bei österreichischen Anbietern – auch über das Internet – kaufen. Die Mohnbauern aus dem Waldviertel bieten dabei Mohnqualität aus konventionellem wie ökologischem Anbau an.

Informieren Sie sich auch in Ihrer Region, ob ein Landwirt Mohn anbaut und ihn über Direktvermarktung im Hofladen, im Naturkostladen oder an Bäckereien vor Ort verkauft. Großbäckereien oder größere Lebensmittelproduzenten werden ihren Mohn kaum von den – noch – wenigen Mohnbauern hierzulande beziehen, sondern aus preisgünstigerem Anbau aus dem Ausland kaufen. Vielleicht können Sie auch Interesse wecken für den Anbau in Ihrer Gegend: Regionale Produkte sind zunehmend gefragt und können Landwirten neue Erwerbsmöglichkeiten schaffen.

Mohn ist in unterschiedlichen Verpackungsgrößen erhältlich, wobei 200-Gramm- und 250-Gramm-Packungen am häufigsten in den Regalen des Lebensmittelhandels zu finden sind. Größere Gebinde sind seltener im Angebot. Die meisten Anbieter verpacken ihren Mohnsamen mit Klarsichtfolie, wodurch sich die Qualität des Mohnsamens leichter beurteilen lässt. Blickdichte Verpackungsmaterialien sind zwar für die Lagerung des Mohns besser geeignet – auch für Mohnsamen gilt für die Aufbewahrung zu Hause die Formel »dunkel, kühl, trocken« –, vor dem Kauf lässt sich der Mohnsamen dann jedoch keiner optischen Überprüfung unterziehen.

Gute Qualität erkennt man an der für die jeweilige Sorte typischen, relativ homogenen Farbverteilung. Blaumohn weist eine stahlblaue Färbung auf. Bräunliche Körner sind unausgereift und schmecken bitter, schwarze Samen weisen auf eine Beschädigung der Samenhülle hin, mit der Folge, dass das in den Samen enthaltene Öl austritt und ranzig wird. Schwarze und bräunliche Körner sollten deshalb die Ausnahme sein. Gleiches gilt für Überreste von Stroh. Die Mohnsaat sollte darüber hinaus großkörnig, rieselfähig und von gleichmäßiger Konsistenz sein. Beim Öffnen der Packung sollte der für Mohn typische Geruch entströmen. Mohnsamen sollten beim Kauf möglichst nicht älter als ein Jahr sein, das heißt aus der letztmöglichen Ernte stammen.

Im Lebensmittelhandel erhält man neben ganzen und bereits gemahlenen Blaumohnsamen auch fertige Mohnfüllungen. Die dafür den Blaumohnsamen hinzugefügten zusätzlichen Zutaten wie Zucker, modifizierte Stärke, Verdickungsmittel, Aromen oder Säuerungsmittel dienen nicht nur geschmacklichen Zwecken, sondern sollen vor allem die lange Haltbarkeit des Fertigproduktes gewährleisten. Dass einige dieser Substanzen Allergien auslösen können, ist mittlerweile bekannt. Mit einer natürlichen Ernährung haben diese Stoffe nichts zu tun.

Auch hier gilt: Frisch zubereitet schmeckt es immer noch am besten – deshalb sind bei den folgenden Rezepten ganze Mohnsamen die Ausgangsbasis. Die unbeschädigte Samenhülle ist der beste Schutz für die darin enthaltenen Öle und Geschmacksstoffe. Kurz vor der eigentlichen Verwendung gemahlen, kommen sie am besten zur Geltung. Gleiches gilt übrigens für die bei den folgenden Rezepten verwendeten übrigen Zutaten, wie Nüsse, die ebenfalls frisch gemahlen werden, oder Zitronensaft und Orangensaft, die frisch gepresst zum Einsatz kommen.

Wer in puncto Morphingehalt auf Nummer sicher gehen möchte, sollte den Mohn vor der Verwendung kurz unter fließendem Wasser abwaschen. Ich habe darauf gänzlich verzichtet (siehe auch Seite 48).

Für einige der folgenden Rezepte wird gemahlener Mohn verwendet. Zum Mahlen des Mohns bedient man sich einer kleinen, oft aus Gusseisen gefertigten Mohnmühle, bei der die Mohnsamen mit einer Schneckenquetsche aufgebrochen werden. Das dabei ausgetretene Öl lässt die gemahlene

Mohnsaat zusammenkleben und leicht glänzen. Immer wieder findet sich in älteren Rezepten der Hinweis, den Mohn vor dem Mahlen mit heißem Wasser zu überbrühen. Diese Empfehlung stammt noch aus Zeiten, in denen der Mohnsamen per Hand im Mörser zerkleinert wurde. Per Hand lässt er sich überbrüht leichter zerstoßen. Wer eine Mohnmühle nutzt, kann sich das Überbrühen sparen. Mit den Mohnmühlen lassen sich übrigens nicht nur Mohnkörner, sondern auch Gewürze und kleinere Mengen an Getreidekörnern zerquetschen.

Das Mahlen von Mohn mit einer Getreidemühle ist wenig empfehlenswert: Im Falle eines Steinmahlwerkes kann Mohn nur in Kombination mit Getreide wie Weizen oder Dinkel gemahlen werden und beeinträchtigt unter Umständen dennoch den Mahlstein. Stahlmahlwerke eignen sich zwar besser, müssen aber nach jedem Mahlvorgang gereinigt werden, weil Ölrückstände des Mohns die Mühle ansonsten verkleben können.

Frisch gemahlener Mohn lässt sich relativ unbeschadet einige Tage im Kühlschrank aufbewahren – möglichst luftdicht verpackt. Im Gefriergerät kann man ihn etwa einen Monat lagern. Die Qualität verschlechtert sich mit zunehmender Lagerzeit sowohl gekühlt als auch ungekühlt.

Hinweise zu den Rezepten

- Ob man den Mohn **lieber gemahlen** oder **lieber als ganzes Korn** verwendet – das ist Geschmackssache. Wer das Knacken der Mohnkörner beim Kauen nicht mag, sollte die Körner auch dann mahlen, wenn dies im Rezept nicht vorgesehen ist. Überhaupt: Die folgenden Rezepte sollen vor allem Anregung sein und Lust machen, Neues auszuprobieren, und vor allem, den Mohn nicht nur zum Kuchenbacken zu verwenden. Aber: Rezepte sind keine Naturgesetze. Experimentieren Sie – mit Zutatenkombinationen und Gewürzen – der Fantasie sind keine Grenzen gesetzt. Mohn lässt sich in der Küche für viele Gerichte einsetzen – nicht nur für die traditionellen Süßspeisen und Backwaren.
- Bei allen Rezepten meint die **Bezeichnung »Mohn«** grundsätzlich den **Blaumohn**. Wird Graumohn oder Weißmohn verwendet, ist das explizit angegeben. Dabei ist zu beachten, dass Blaumohn und Graumohn in den Rezepten durchaus getauscht werden können: Statt Graumohn können Sie also Blaumohn verwenden und statt Blaumohn einen Graumohn.

- Zahlreiche Rezepte für Kuchen und Gebäckstücke basieren auf einer sogenannten **Mohnfülle**. Der Mohn wird dazu gemahlen und zusammen mit Grieß, Nüssen, Pudding oder Milch zu einer breiigen Masse verarbeitet. Zur Geschmacksabrundung dienen Rosinen, Zimt, Rum, Vanille, Kakao, saure Sahne und, und, und. Sie können die Mohnfülle nach Belieben variieren und zusammen mit Mürbeteig oder Hefeteig verarbeiten. Auch hierfür sollen die nachfolgenden Rezepte Anregungen bieten – keine Vorschriften.

- Wenn bei den verwendeten **Gewürzen** keine **Mengenangaben** in der Zutatenliste stehen, so heißt das immer: Erst mal nicht so viel davon zugeben und erst mal abschmecken. Dann entscheiden, ob ein Nachwürzen notwendig ist.

- Da ich keine Freundin von Zitronat oder Orangeat bin, werden Sie im Folgenden auch kein Rezept mit diesen Zutaten finden. **Zucker** setze ich sehr zurückhaltend ein. Für die Backrezepte habe ich meist **reine Pflanzenmargarine** verwendet. Wer lieber mit **Butter** arbeitet, kann dies gerne tun. Das Gleiche gilt für **Hefe:** Ich bin mittlerweile ein Fan von Trockenhefe, da sich Reste sehr lange aufbewahren lassen. Die in den Rezepten genannte Trockenhefe kann aber jederzeit durch die entsprechende Menge frischer Hefe ersetzt werden.

- Wird die Mengenangabe **EL** – für **Esslöffel** – oder **TL** – für **Teelöffel** – verwendet, so ist damit immer eine **glatt gestrichene Menge** gemeint.

- Meine **Springform** hat einen Durchmesser von **26 Zentimetern**.

- Meine **Backbleche** fette ich vor dem Einfüllen des Teiges mit **Pflanzenmargarine** ein. Die Verwendung von Backpapier gebe ich in den Rezepten jeweils explizit an.

- Bei den Backrezepten habe ich – außer beim Brotbacken – bei meinem Gasherd auf das Energie fressende **Vorheizen** des Backofens **verzichtet**. Falls ausnahmsweise doch vorgeheizt wird, erwähne ich das explizit im Rezept.

- Die angegebenen **Backtemperaturen** und **Backzeiten** beziehen sich auf das Backen in einem Gasbackofen und das Backen in einem Elektrobackofen mit Umluftfunktion. Beim Backen in einem Elektroofen mit Ober- und Unterhitze sollte die Backtemperatur gegebenenfalls zehn bis 20 °C höher als in den Rezepten angegeben eingestellt werden. Beachten Sie bitte in jedem Fall die entsprechenden Angaben des Herstellers Ihres Backofens.

Gebäck und Kuchen mit Mohnfüllung

Springender Mohnkuchen

Für den Teig:
150 g Weizenvollkornmehl
50 g Vollrohrzucker
100 g reine Pflanzenmargarine
1 Ei
etwas Salz

Für die Füllung:
50 g Speisestärke
50 g Rosinen
150 g Mohn, gemahlen
4 Eier
1 EL warmes Wasser
125 g Vollrohrzucker
2 TL Zitronensaft, frisch gepresst
etwas Salz

Fett für die Springform

- Alle Teigzutaten in eine Schüssel geben und zügig zu einem Mürbeteig verkneten. Diesen im Kühlschrank zugedeckt etwa 2 Stunden durchkühlen lassen.
- Für die Füllung die Speisestärke sieben und zusammen mit den Rosinen unter den gemahlenen Mohn mischen. Die Eier trennen. Die Eiweiße zu Eischnee schlagen. Die Eigelbe mit dem Wasser, dem Zucker, dem Zitronensaft und etwas Salz zu einer cremigen Masse verrühren. Anschließend den Eischnee unterheben. Zum Schluss die Mohn-Stärke-Rosinen-Masse löffelweise unter die Ei-Zucker-Masse mischen.
- Den Teig ausrollen und so in einer gefetteten Springform verteilen, dass ein etwa 2 cm hoher Rand entsteht. Die Mohnmasse auf dem Teig in der Form verteilen. Im Backofen auf der mittleren Schiene bei 180 °C etwa 25 Minuten backen.

Vollkorn-Mohnschnecken

für etwa 20 Schnecken

Für den Teig:
250 g Dinkelvollkornmehl
½ Päckchen Trockenhefe
200 ml lauwarme Milch
30 g Vollrohrzucker
2 EL Sonnenblumenöl
etwas Salz

Für die Füllung:
75 g Mohn, gemahlen
2 EL Weizenvollkorngrieß
25 g Honigmarzipan-Rohmasse
2 EL Vollrohrzucker
Milch
2 EL Rosinen

Dinkelvollkornmehl zum Ausrollen
Fett für das Backblech

- Das Vollkornmehl in eine Schüssel geben und eine Mulde formen, in der die Hefe mit etwas von der Milch zu einem Vorteig verrührt wird. Den Teig in der Schüssel zugedeckt etwa 15 Minuten gehen lassen.
- Zucker, Öl und etwas Salz zum Vorteig geben und alles mit dem Rest der Milch zu einem festen, dennoch luftigen Teig verarbeiten. Den Teig wiederum zugedeckt ruhen lassen, mindestens 30 Minuten.

- In der Zwischenzeit den Mohn zusammen mit dem Grieß, dem in kleine Stückchen gezupften Marzipan und dem Zucker mischen. So viel Milch unterrühren, bis eine cremige Masse entstanden ist. Abschließend die Rosinen untermischen.
- Den Teig noch einmal mit etwas Mehl durchkneten – er darf nicht mehr klebrig sein. Mit dem Nudelholz zu einem Rechteck ausrollen, dessen eine Seitenlänge etwa doppelt so lang ist wie die andere. Die Mohnfüllung auf dem Rechteck verteilen, dabei an den Kanten rundherum einen 1 – 2 cm breiten Rand auslassen.
- Den Teig von der kurzen Seite her aufrollen. Von der Rolle mit einem Messer 1 cm dicke Stücke abschneiden und auf ein gefettetes Backblech legen.
- Die Mohnschnecken im Backofen auf der mittleren Schiene bei 160 °C 15 – 20 Minuten backen.

Mohn-Streusel-Kuchen

Für den Teig:
200 g Dinkelvollkornmehl
75 g Vollrohrzucker
125 g Butter oder reine Pflanzenmargarine

Für die Füllung:
200 ml Milch
40 g Vollkorngrieß
80 g Mohn, gemahlen
1 TL Zitronensaft, frisch gepresst
½ TL Zimt, gemahlen
50 g Vollrohrzucker

Für die Streusel:
50 g Butter
50 g Vollrohrzucker
100 g Dinkelvollkornmehl

Fett für die Springform

- Für den Teig das Mehl, den Zucker und die Butter oder Margarine zu einem Mürbeteig verkneten und diesen 1 Stunde zugedeckt im Kühlschrank ruhen lassen.
- Für die Füllung die Milch erhitzen, Vollkorngrieß und Mohn einrühren und kurz aufquellen lassen. Zitronensaft, Zimt und Zucker dazugeben und bei schwacher Hitzezufuhr gut verrühren, bis die Masse eingedickt ist.
- Die Zutaten für die Streusel mit der Hand zu einer krümeligen Masse verkneten – dazu am besten die Streuselmasse immer wieder zwischen den Händen verreiben.
- Den Teig ausrollen und eine gefettete Springform so mit ihm auskleiden, dass ein niedriger Rand entsteht. Die Mohnmasse auf dem Teig in der Form verteilen und anschließend die Streusel darüber verteilen.
- Den Kuchen im Backofen auf der mittleren Schiene bei 160 °C rund 25 Minuten backen.

Mohntorte mit Schmandhaube

Für den Teig:
225 g Weizenvollkornmehl
80 g Vollrohrzucker
125 g Butter
½ Päckchen Weinstein-Backpulver
1 Ei
etwas Salz, eventuell etwas Wasser

Für die Füllung:
500 ml Milch
75 g Weizenvollkorngrieß
125 g Butter
250 g Mohn, gemahlen
100 g Honig
1 EL Sonnenblumenöl
400 g Schmand, saure Sahne oder Crème fraîche
2 Eier

Fett für die Springform

- Vollkornmehl, Zucker, Butter, Backpulver, Ei und Salz zu einem Mürbeteig verkneten. Sollte der Teig zu fest werden, etwas Wasser dazugeben. Teig etwa 2 Stunden zugedeckt im Kühlschrank ruhen lassen.
- In der Zwischenzeit die Milch aufkochen und den Grieß kurz darin quellen lassen. Die Butter zerlassen. Den Mohn und etwa 75 g Honig unter die Grießmasse rühren. Anschließend die Butter, das Öl und die Hälfte des Schmands, der sauren Sahne oder der Crème fraîche unterheben.
- Den Teig ausrollen und in eine gefettete Springform geben. Dabei einen etwa 2 cm hohen Rand formen. Die Mohnmasse auf den Teig geben, glatt streichen und im Backofen auf der mittleren Schiene bei 190 °C etwa 30 Minuten backen.
- Währenddessen die Eier trennen. Das Eigelb mit dem restlichen Schmand, der restlichen sauren Sahne oder Crème fraîche und dem restlichen Honig verrühren. Die Eiweiße steif schlagen und unterziehen. Diese Masse auf die Torte streichen und 10 weitere Minuten backen.

Rosenrondell

Für den Teig:
200 g Magerquark
6 EL Milch
1 Ei
4 EL Sonnenblumenöl
80 g Vollrohrzucker
½ Vanilleschote
2 TL Weinstein-Backpulver
320 g Weizenvollkornmehl

Für die Füllung:
75 g Butter
100 g Vollrohrzucker
½ Vanilleschote
100 ml Milch
½ TL Zimt, gemahlen
300 g Mohn, gemahlen
50 g Mandeln, gehackt

Weizenvollkornmehl zum Ausrollen
Fett für die Springform

- Für den Teig Quark, Milch, Ei, Sonnenblumenöl, Vollrohrzucker und das Mark der Vanilleschote miteinander verrühren. Nach und nach das mit Backpulver vermischte Mehl unter die Masse ziehen. Den Teig auf eine Arbeitsfläche geben und kneten, bis er nicht mehr klebt – dabei gegebenenfalls wenig zusätzliches Mehl in den Teig kneten.
- Den Teig zu einem Rechteck – etwa 40 × 60 cm groß – ausrollen.

- Für die Füllung die Butter bei geringer Hitzezufuhr langsam zergehen lassen. Zucker, das Mark der Vanilleschote, die Milch und den Zimt hinzufügen. Kurz aufkochen, dann sogleich den Mohn und die Mandeln unterrühren und gut vermischen. Diese Masse auf der Teigplatte verteilen.
- Die Teigplatte von der längeren Seite her aufrollen und in 2 – 3 cm dicke Scheiben schneiden. Diese Scheiben senkrecht – jeweils auf ihrem Rand stehend – in eine gefettete Springform stellen. Die Mitte der Form bleibt dabei frei, sodass ein ringförmiger Kuchen entsteht. Dabei können die Scheiben vom Rand der Form beginnend ringsum Scheibe für Scheibe dicht nebeneinander in ringförmigen Lagen aufeinander zur Kuchenmitte hin aneinandergesetzt werden. Oder die Scheiben stehen zur Mitte hin ausgerichtet als Ring dicht nebeneinander.
- Den Kuchen im Backofen auf der mittleren Schiene bei 160 °C rund 40 Minuten backen.

Mohnblechkuchen

Für den Teig:
350 g Dinkelvollkornmehl
1 Päckchen Trockenhefe oder 40 g frische Hefe
200 ml Milch
1 Ei
1 EL Honig
1 TL Salz
50 g reine Pflanzenmargarine

Für die Füllung:
100 g Rosinen
4 EL Rum oder Orangensaft, frisch gepresst
750 ml Milch
400 g Mohn, gemahlen
1 Päckchen Vanille-Puddingpulver
2 Eier
2 EL Vollrohrzucker
etwas Salz
3 EL Honig
1 TL Zimt, gemahlen

Dinkelvollkornmehl zum Ausrollen
Fett für das Backblech

- Für die Füllung die Rosinen im Rum oder im Orangensaft quellen lassen.
- Für den Teig das Mehl so in eine Schüssel geben, dass in der Mitte eine Mulde entsteht. Die Hefe in die Mulde geben. Die Milch etwas erwärmen. So viel Milch in die Mulde geben, dass die Hefe mit etwas Mehl zu einem Vorteig verrührt werden kann. Die Schüssel mit einem Küchenhandtuch abdecken und den Vorteig rund 15 Minuten gehen lassen. Wenn man den Vorteig mit etwas Mehl bestreut, kann man sehr schön nachvollziehen, dass der Teig aufgegangen ist.

- Anschließend das Ei, den Honig, das Salz und die Margarine in die Schüssel geben und alles mit der restlichen Milch zu einem Hefeteig verarbeiten. Diesen wiederum zugedeckt etwa 1 Stunde gehen lassen.
- Für die Füllung die Hälfte der Milch erhitzen, den Mohn einrühren und quellen lassen. Mit der anderen Hälfte der Milch das Puddingpulver zusammen mit den Eiern, dem Zucker und dem Salz anrühren und in die Mohnmasse gießen. Kontinuierlich rühren und alles kurz aufkochen lassen. Zum Schluss die in Rum oder Orangensaft eingeweichten Rosinen, den Honig und den Zimt untermischen.
- Den Teig ausrollen und auf ein gefettetes Backblech legen. Die Mohnmasse darauf verteilen.
- Den Kuchen im Backofen auf der mittleren Schiene bei 160 °C etwa 40 Minuten backen.

Mohn-Mandarinen-Torte

Für den Teig:
125 g Butter
1 Ei
80 g Vollrohrzucker
2 TL Weinstein-Backpulver
175 g Weizenvollkornmehl
100 ml lauwarme Milch

Für die Füllung:
1 Päckchen Vanille-Puddingpulver
1 EL Vollrohrzucker
500 ml Milch
400 g Mohn, gemahlen
400 g Schmand, saure Sahne oder Crème fraîche
600 g Mandarinenfilets

Fett für die Springform

- Für den Teig die Butter, Ei und Vollrohrzucker schaumig schlagen. Anschließend das mit dem Backpulver vermischte Mehl und die lauwarme Milch einarbeiten. Dabei muss eine cremige Masse entstehen. Den Teig in eine gefettete Springform geben.
- Für die Füllung das Puddingpulver und den Zucker mit etwas von der Milch anrühren. Die restliche Milch zum Kochen bringen, das angerührte Puddingpulver dazugeben. Alles kurz aufkochen und anschließend abkühlen lassen.
- Den gemahlenen Mohn mit dem Schmand, der sauren Sahne oder der Crème fraîche verrühren. Nach und nach den abgekühlten Pudding unterheben. Die Mandarinen dazugeben und verrühren.
- Anschließend die Masse auf den Teig in die Springform geben und glatt streichen.
- Den Kuchen im Backofen auf der mittleren Schiene bei 175 °C rund 30 Minuten backen.

Apfelkuchen mit Mohngitter

Für den Teig:
80 g Vollrohrzucker
200 g reine Pflanzenmargarine
250 g Weizenvollkornmehl
etwas Salz

Für den Belag:
1 kg säuerliche Äpfel (zum Beispiel Boskop)
100 g Rosinen
1 EL Vollrohrzucker
1 EL Zitronensaft, frisch gepresst

Für das Mohngitter:
300 ml Milch
200 g Mohn, gemahlen
100 g Weizenvollkorngrieß
100 g Vollrohrzucker
1 EL Zimt, gemahlen
1 EL Kakaopulver

Fett für das Backblech

- Für den Teig den Zucker, Margarine, Mehl und Salz zu einem Mürbeteig verkneten und diesen zugedeckt im Kühlschrank etwa 2 Stunden kühl stellen. Anschließend den Teig ausrollen und auf ein großes, gefettetes Backblech legen.
- Für den Belag die Äpfel schälen, achteln, entkernen und in dünne Scheiben schneiden. Die Rosinen zusammen mit dem Zucker und dem Zitronensaft unter die Äpfel rühren und auf der Teigplatte verteilen.
- Für die Mohnmasse die Milch kurz aufkochen lassen. Den Topf vom Herd nehmen. Mohn, Grieß, Zucker, Zimt und Kakao in die Milch rühren und quellen lassen. Diese Mohnfülle mit einem Spritzbeutel und einer Sterntülle gitterförmig auf die Apfelmasse spritzen.
- Den Kuchen im Backofen auf der mittleren Schiene bei 160 °C etwa 40 Minuten backen.

65

Mohn-Apfel-Strudel

Für den Teig:
220 g Weizenvollkornmehl
1 Ei
1 EL Sonnenblumenöl
60 ml lauwarmes Wasser
etwas Salz

Für die Füllung:
200 g Mohn, gemahlen
100 g Vollrohrzucker
40 g Weizenvollkorngrieß
1 TL Zimt, gemahlen
500 ml Milch
40 g Rosinen
4 Eier
4 Äpfel

Weizenvollkornmehl für die Arbeitsfläche und zum Ausrollen
Fett für die Auflaufform

- Die Zutaten für den Teig mischen und zu einem noch leicht klebrigen Teigklumpen verkneten. Diesen rund 60 Mal auf eine bemehlte Unterlage schlagen und dann zu einer Kugel geformt gut 1 Stunde zugedeckt bei Zimmertemperatur ruhen lassen.
- In dieser Zeit den Mohn, 40 g Zucker, Grieß und Zimt miteinander mischen, in der Milch kurz aufkochen und anschließend abkühlen lassen. Die Rosinen unterrühren.
- Eier trennen und die Eiweiße steif schlagen. Die Eigelbe mit dem restlichen Zucker schaumig rühren und unter die abgekühlte Mohnmasse rühren. Anschließend den Eischnee unterheben.
- Die Äpfel schälen, vierteln, entkernen und in kleine, dünne Scheiben schneiden.

- Den Teig auf einem bemehlten Küchentuch ausrollen und anschließend dünn ausziehen. Das geht sehr gut, indem man jeweils einen Teil der Teigmasse anhebt und von unten mit der Hand zum Rand hin ausstreicht.
- Den Teig mit der Mohnmasse bestreichen, dabei an einer Seite der Teigplatte einen etwa 10 cm breiten Streifen aussparen. Die Äpfel auf der Mohnfüllung verteilen.
- Den Teig anschließend aufrollen. Dazu das Tuch anheben und den Teig in Richtung des ausgesparten Randstreifens abrollen. Den Teig mit Hilfe des Tuchs in eine gefettete Auflaufform geben und im Backofen auf der mittleren Schiene bei rund 200 °C rund 25 Minuten backen.

Wie zu jedem Strudel passt dazu Vanillesauce oder Vanilleeis sehr gut. Um dem Strudel eine schön glänzende Oberfläche zu verleihen, kann man ihn nach dem Backen noch mit zerlassener Butter einstreichen oder Butterflöckchen auf dem noch heißen Strudel zergehen lassen.

Mandel-Mohn-Zopf mit Marzipan

Für den Teig:
180 g Butter
500 g Weizenvollkornmehl
1 Päckchen Weinstein-Backpulver
1 Päckchen Bourbon-Vanillezucker
etwas Salz
300 g saure Sahne

Für die Nussfüllung:
100 g Honigmarzipan-Rohmasse
100 g Mandeln, gemahlen
1 Ei
75 g Vollrohrzucker
eventuell 1 EL Rum
(wer keinen Alkohol verwenden möchte,
den Rum einfach weglassen)

Für die Mohnfüllung:
180 g Mohn, gemahlen
75 g Vollrohrzucker
1 Ei
120 g Aprikosenkonfitüre

Zum Bestreichen:
1 Ei

Fett für das Backblech

- Für den Teig die Butter zerlassen. Mehl mit Backpulver, Vanillezucker und Salz mischen. Mit der zerlassenen Butter und der sauren Sahne verkneten. Den Teig zu einer dicken Rolle formen.
- Für die Füllungen jeweils alle Zutaten in eine Schüssel geben und gut verkneten (Nussfüllung) beziehungsweise verrühren (Mohnfüllung).
- Den Teig halbieren und jede Hälfte zu einem dünnen Rechteck – etwa 40 × 35 cm groß – ausrollen. Eine Teigplatte mit der Nussfüllung, die andere Teigplatte mit der Mohnfüllung bestreichen. Dabei am Rand jeweils rundherum einen etwa 1 cm breiten Streifen frei lassen.
- Die Teigplatten jeweils von der längeren Seite her aufrollen und der Länge nach mit einem Messer in der Mitte einschneiden. Die beiden Teigstränge mit den Einschnittseiten nach oben miteinander verschlingen.
- Den Zopf auf ein gefettetes Backblech legen, die Enden zusammendrücken und den Zopf anschließend mit dem verquirlten Ei bestreichen.
- Im Backofen auf der mittleren Schiene bei 160 °C etwa 60 Minuten backen.

Haselnuss-Mohn-Kuchen

250 g reine Pflanzenmargarine
160 g Vollrohrzucker
4 Eier
200 g Haselnüsse, gemahlen
50 g Mohn
100 ml Milch
3 TL Weinstein-Backpulver
200 g Weizenvollkornmehl
Fett für die Kastenbackform

- Margarine, Zucker und Eier schaumig rühren. Die Haselnüsse und den Mohn untermischen. Die Milch kurz erwärmen und abwechselnd mit dem mit Backpulver gemischten Mehl nach und nach unter die Haselnuss-Mohn-Masse rühren.
- Eine Kastenbackform einfetten und den Teig einfüllen. Im Backofen auf der mittleren Schiene bei 160 °C etwa 60 Minuten backen. Gegen Ende der Backzeit mit einer Stricknadel testen, ob der Teig durchgebacken ist: Dafür mit einer Stricknadel in den Kuchen stechen und die Nadel wieder herausziehen. Hängen keine Teigreste an ihr, ist der Kuchen fertig gebacken. Den Kuchen aus der Form auf ein Kuchengitter stürzen und auskühlen lassen.

Mohn-Spritzgebäck

für etwa 800 g Spritzgebäck

325 g Weizenvollkornmehl
125 g Speisestärke
375 g Butter
220 g Vollrohrzucker
1 Ei
etwas Salz
1 Vanilleschote
75 g Haselnüsse, gemahlen
50 g Mohn, gemahlen
Fett für das Backblech

- Mehl und Speisestärke sieben. Die Butter mit dem Zucker, dem Ei, Salz und dem Mark der Vanilleschote schaumig rühren. Die Haselnüsse sowie den Mohn untermischen. Anschließend nach und nach das Mehl und die Speisestärke unterrühren. Es sollte ein recht zäher Teig entstehen.
- Die Teigmasse durch den Gemüsewolf drehen oder mit einer dafür geeigneten Küchenmaschine arbeiten. Dabei den Spritzgebäckvorsatz auf das Sternmuster einstellen. Mit dem durchgedrehten Teig Buchstaben (O, P, J, S, I) formen und auf ein gefettetes Backblech legen.
- Im Backofen auf der mittleren Schiene bei 160 °C 10 – 15 Minuten backen, kurz abkühlen lassen und dann vom Backblech nehmen.

Tipp

Die Butter am besten schon einige Zeit vor der Verarbeitung aus dem Kühlschrank nehmen, dann lässt sie sich leichter verarbeiten. Zum Backen schiebt man am besten erst einmal ein Blech mit zwei bis drei Versuchsstückchen in den Ofen, um ein Gefühl für die richtige Backzeit zu bekommen. Sollte das Spritzgebäck dabei zu stark zerlaufen, einfach noch etwas Mehl in den restlichen Teig einarbeiten.

Apfel-Mohn-Muffins

für 12 Muffins

100 ml Milch
100 g Mohn
2 Eier
70 g Vollrohrzucker
75 ml Rapsöl oder Sonnenblumenöl
150 g Joghurt
200 g Äpfel
200 g Dinkelvollkornmehl
½ Päckchen Weinstein-Backpulver
eventuell Fett für das Muffin-Backblech

- Milch und Mohn unter Rühren erhitzen, kurz aufkochen lassen. Den Topf vom Herd nehmen und den Mohn noch so lange quellen lassen, bis die Milch vollständig eingezogen ist.
- Die Eier mit dem Zucker, dem Öl und dem Joghurt gut verrühren.
- Die Äpfel schälen, die Kerngehäuse entfernen und die Äpfel in kleine Stücke schneiden. Die Äpfel und den gequollenen Mohn mit der Ei-Zucker-Masse mischen. Dann das Mehl und das Backpulver unterrühren.
- Den Teig in Muffin-Backförmchen füllen und im Backofen auf der mittleren Schiene bei 160 °C 15 – 20 Minuten goldbraun backen. Werden feste Muffin-Backformen verwendet (gegebenenfalls vor dem Backen einfetten!), müssen die Muffins nach einer kurzen Abkühlphase aus den Formen herausgelöst werden. Wer Papierförmchen verwendet, kann die Muffins bis zum Verzehr darin belassen.

Mohn-Erdbeer-Torte

Für den Teig:
5 Eier
125 g Vollrohrzucker
5 EL Wasser
etwas Salz
80 g Mohn
100 g Weizenvollkornmehl
80 g Dinkelvollkornmehl
½ Päckchen Weinstein-Backpulver

Für die Creme:
300 g Joghurt
1 kg Erdbeeren
1 EL Vollrohrzucker
1 EL Zitronensaft, frisch gepresst
1 TL Agar-Agar
400 ml Schlagsahne

Fett für die Springform

- Für die Creme den Joghurt in ein mit einem dünnen Küchentuch oder Seihtuch ausgelegtes Sieb geben und über Nacht im Kühlschrank abtropfen lassen.
- Für den Teig die Eier, den Zucker, das Wasser und etwas Salz schaumig rühren. Den Mohn, das Weizenvollkornmehl und Dinkelvollkornmehl sowie das Backpulver untermischen.
- Den Teig in eine gefettete Springform geben und im Backofen auf der mittleren Schiene bei 180 °C rund 15 Minuten backen. Den Teig aus dem Ofen nehmen, die Springform entfernen, den Teig auskühlen lassen und anschließend einmal horizontal durchschneiden, sodass zwei Tortenböden entstehen.

- Die Erdbeeren waschen und putzen. Etwa ein Drittel der Erdbeeren in kleine Stücke schneiden. Außerdem drei bis vier Erdbeeren zur Dekoration beiseite legen.
- Die restlichen Erdbeeren mit dem Zucker und dem Zitronensaft pürieren oder zerstampfen. Agar-Agar dazugeben und kurz aufkochen lassen. Die Erdbeermasse abkühlen lassen und dann den abgetropften Joghurt unterrühren.
- Die Sahne steif schlagen und etwas davon auf einen der beiden Tortenböden streichen. Die klein geschnittenen Erdbeerstücke darauf verteilen. Den zweiten Tortenboden daraufsetzen.
- Die restliche Sahne mit dem Erdbeerjoghurt vermischen und die Torte damit rundherum bestreichen. Mit den zur Seite gelegten, klein geschnittenen Erdbeeren dekorieren.

Zucchini-Mohn-Torte

7 Eier
180 g Butter
150 g Vollrohrzucker
etwas Salz
1 TL Zimt, gemahlen
1 Päckchen Bourbon-Vanillezucker
125 g saure Sahne
eventuell 1 EL Rum
250 g Zucchini
220 g Mohn, gemahlen
80 g Speisestärke
1 TL Weinstein-Backpulver
100 g Dinkelvollkornmehl
Fett für die Springform

- Die Eier trennen und die Eiweiße zu Schnee schlagen. Die Eidotter mit der Butter und dem Zucker cremig rühren. Salz, Zimt, Vanillezucker, die saure Sahne und eventuell den Rum (wer keinen Alkohol verwenden möchte, den Rum einfach weglassen) unter die Eigelb-Zucker-Creme rühren.
- Die Zucchini nach Geschmack fein oder grob raspeln und zusammen mit dem gemahlenen Mohn unter die Eigelbmasse rühren. Den Eischnee vorsichtig unterheben. Das mit der Stärke und dem Backpulver gemischte Dinkelvollkornmehl löffelweise unter die Teigmasse ziehen.
- Den Teig in eine gefettete Springform geben und im Backofen auf der mittleren Schiene bei 180 °C 30 – 40 Minuten backen.

Mohn-Birnen-Kuchen

3 große Birnen
1 TL Vollrohrzucker oder Honig
1 TL Zitronensaft, frisch gepresst
100 ml Wasser
200 g Butter
4 Eier
100 g Vollrohrzucker
125 g Mohn, gemahlen
200 g Mandeln, gemahlen
100 g Kokosraspel
2 EL Rum oder Birnensud
200 g Crème fraîche
100 ml Milch
125 g Weizenvollkornmehl
½ Päckchen Weinstein-Backpulver
Fett für die Springform

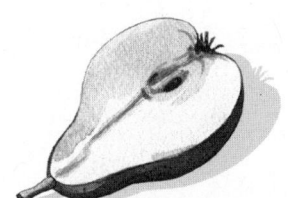

- Die Birnen schälen, vierteln, Kerngehäuse entfernen und die Birnen mit dem Zucker oder Honig, dem Zitronensaft und dem Wasser kurz aufkochen. Birnen in ein Sieb abgießen und abtropfen lassen. Dabei den Birnensud auffangen.
- Butter zerlassen. Eier trennen. Eigelbe, Zucker und die zerlassene Butter zu einer cremigen Masse verrühren. Mohn, Mandeln, Kokosraspel, Rum oder Birnensud sowie die Crème fraîche zur Eigelbmasse geben und zu einem zähen Teig verrühren.
- Die Milch etwas erwärmen und abwechselnd mit dem Mehl und dem Backpulver unter den Teig ziehen. Die zu Eischnee geschlagenen Eiweiße vorsichtig unterheben.
- Die Hälfte des Teiges in eine gefettete Springform geben und darauf die abgetropften Birnen verteilen. Anschließend die Birnen mit dem restlichen Teig bedecken und den Kuchen im Backofen auf der mittleren Schiene bei etwa 160 °C rund 50 Minuten backen.

Mohn-Eierlikör-Torte

Für den Teig:
8 Eier
200 g Butter
100 g Vollrohrzucker
95 g Mandeln, gemahlen
170 g Graumohn, gemahlen

Für die Füllung:
300 g Sauerkirschen, entsteint
250 ml Wasser oder Kirschsaft
1 EL Vollrohrzucker
1 EL Zitronensaft, frisch gepresst
1 TL Agar-Agar

Für die Sahnehaube:
120 g Eierlikör, 1 TL Agar-Agar
500 ml Schlagsahne

Fett für die Springform

- Die Eier trennen und die Eiweiße steif schlagen. Butter, Zucker und Eidotter schaumig rühren. Mandeln und Mohn unter die Eidotter-Butter-Creme mischen. Den Eischnee vorsichtig unter die Creme heben.
- Den Teig in eine gefettete Springform füllen und im Backofen auf der mittleren Schiene bei 160 °C etwa 40 Minuten backen. Teig aus der Springform nehmen, abkühlen lassen und einmal horizontal durchschneiden, sodass zwei Tortenböden entstehen.
- Die Sauerkirschen mit dem Wasser oder Kirschsaft, Zucker und Zitronensaft mit dem Pürierstab grob zerkleinern. Agar-Agar unterrühren. Die Kirschmasse erhitzen, 2 – 3 Minuten kochen und dann abkühlen lassen.
- Eierlikör mit Agar-Agar mischen, kurz erhitzen und abkühlen lassen.
- Die abgekühlte und sich bereits verfestigende Kirschmasse auf einen der beiden Tortenböden auftragen und mit dem zweiten Tortenboden bedecken. Sahne steif schlagen und den erkalteten Eierlikör unterrühren. Die Torte rundherum mit der Eierlikör-Sahne bestreichen.

Mohn-Haferflocken-Kekse mit Ingwer

für 50 bis 60 Kekse

100 g Butter
220 g Vollkornhaferflocken
40 g frischer Ingwer
125 g Mohn, gemahlen
180 g Vollrohrzucker
60 g Weizenvollkornmehl
2 TL Weinstein-Backpulver
1 TL Zimt, gemahlen
1 TL Koriander, gemahlen
½ TL Kardamom, gemahlen
etwas Salz
2 Eier

- Butter bei schwacher Hitze langsam zergehen lassen. Die Haferflocken in eine Schüssel geben, mit der zerlassenen Butter übergießen und gut vermischen.
- Den Ingwer schälen und in sehr kleine Stücke schneiden. Diese ebenso wie den Mohn, den Zucker, das Mehl, das Backpulver sowie die Gewürze unter die Haferflocken mischen.
- Die Eier verquirlen und ebenfalls zu den Haferflocken geben. Alles sehr gut durchmischen.
- Flache, esslöffelgroße Stücke der Haferflockenmasse auf ein mit Backpapier ausgelegtes Backblech legen und die Kekse im Backofen auf der mittleren Schiene bei 180 °C etwa 8 Minuten backen.

Statt des frischen Ingwers kann man auch kandierten Ingwer verwenden.

Mohn-Zwetschgen-Kuchen

1 kg Zwetschgen
250 g raumtemperierte Butter
200 g Vollrohrzucker
etwas Salz
100 g Mohn, gemahlen
3 Eier
300 g Weizenvollkornmehl
2 TL Weinstein-Backpulver
100 ml lauwarme Milch
Fett für das Backblech
1 Päckchen Bourbon-Vanillezucker
1 TL Zimt, gemahlen
40 g Johannisbeergelee

- Die Zwetschgen waschen, entsteinen und halbieren.
- Die auf Zimmertemperatur gebrachte Butter, den Zucker, das Salz, den Mohn und die Eier zu einer cremigen Masse verrühren.
- Mehl und Backpulver mischen und löffelweise abwechselnd mit der lauwarmen Milch in die Butter-Mohn-Masse rühren.
- Den Teig auf einem gefetteten Backblech verteilen und dabei rundherum einen niedrigen Rand formen – dabei ist es hilfreich, wenn das Blech auf allen Seiten einen etwa 2 cm hohen Rand hat.
- Die Zwetschgen darauf verteilen und leicht eindrücken. Den Vanillezucker mit dem Zimt mischen und über die Zwetschgen streuen. Kuchen im Backofen auf der mittleren Schiene bei 160 °C etwa 35 Minuten backen.
- Das Gelee im Wasserbad erwärmen oder einfach einige Minuten in den noch heißen Backofen stellen und den Kuchen anschließend damit bestreichen – das ergibt eine schöne, glänzende Oberfläche.

Kartoffelkuchen mit Mohn und Karotten

400 g festkochende Kartoffeln
Salz
200 g Karotten
3 Eier
70 g reine Pflanzenmargarine
80 g Vollrohrzucker
100 g Mohn, gemahlen
50 ml schwarzer Kaffee
1 TL Weinstein-Backpulver
50 g Dinkelvollkornmehl
Fett für die Kastenbackform

- Die Kartoffeln in Salzwasser garen, ausdampfen lassen, schälen und anschließend stampfen. Die Karotten fein reiben. Den dabei entstehenden Saft abschütten.
- Die Eier trennen und die Eiweiße steif schlagen. Margarine, Zucker und Eigelbe schaumig rühren. Den Mohn, die Kartoffeln, die Karotten sowie den Kaffee zur Eigelbcreme geben und gut verrühren. Anschließend den Eischnee unterheben. Zum Schluss das mit dem Backpulver vermischte Mehl unterheben.
- Den Teig in eine gefettete Kastenbackform geben und im Backofen auf der mittleren Schiene bei 160 °C rund 60 Minuten backen.

Salzige Spezialitäten mit Mohn aus dem Backofen

Vollkornbrot mit Mohn und Sesam

500 g Weizenvollkornmehl
1 Päckchen Trockenhefe
1 EL Salz
3 EL Apfelessig
3 EL Mohn
4 EL Sesam
1 TL Kurkumapulver
1 TL Chilipulver
500 ml lauwarmes Wasser
Fett für die Kastenbackform

- Mehl, Hefe, Salz, Apfelessig, Mohn, Sesam, Kurkuma und Chilipulver mit dem lauwarm erwärmten Wasser vermengen und ordentlich durchschlagen. Der Teig soll zäh, aber auch nicht allzu fest sein.
- Den Teig 30 Minuten zugedeckt an einem warmen Ort gehen lassen und dann in eine gefettete Kastenbackform füllen.
- Brot im Backofen auf der mittleren Schiene bei 220 °C rund 45 Minuten backen. Danach auf einem Rost auskühlen lassen.

Parmesan-Mohn-Chips

200 g Parmesan, grob gerieben
4 EL Mohn
1 EL Paprikapulver

- Zutaten mischen. Ein großes Backblech mit Backpapier auslegen und die Käsemischung gleichmäßig darauf verteilen. Im Backofen auf der mittleren Schiene bei 170 °C rund 5 Minuten backen.
- Das Blech aus dem Ofen nehmen und abkühlen lassen.
- Anschließend die Käseplatte in Stücke brechen.

Mohnbrötchen

für 18 bis 20 Brötchen

250 g Weizenvollkornmehl
250 g Dinkelvollkornmehl
1 Päckchen Trockenhefe oder 30 g frische Hefe
etwas Salz
200 ml Wasser
Vollkornmehl für die Arbeitsfläche
Fett für das Backblech
3 EL Mohn

- Mehl, Hefe, Salz und Wasser zu einem Teig mit zäher Konsistenz verkneten. Teig so lange zugedeckt ruhen lassen, bis er sein Volumen ungefähr verdoppelt hat. Dann den Teig nochmals auf einer bemehlten Arbeitsplatte kurz durchkneten. Der Teig sollte dabei nicht mehr an der Arbeitsplatte kleben bleiben.
- Vom Teig 40 – 50 g schwere Stücke abwiegen, mit den Händen zu Kugeln formen, etwas platt drücken und auf ein gefettetes Backblech legen. Teiglinge mit Wasser einpinseln und mit dem Mohn bestreuen, eventuell mit einem Messer einschneiden (so erhält man aparte Kreuz-, Stern- oder Streifenmuster) und 20 – 30 weitere Minuten gehen lassen.
- Einen Topf mit heißem Wasser in den Ofen stellen. Die Brötchen im Ofen auf der mittleren Schiene bei 225 °C rund 30 Minuten backen.

Mohn-Tomaten-Twister

für 10 bis 12 Stangen

Für den Teig:
500 g Weizenvollkornmehl
1 Päckchen Trockenhefe oder 40 g frische Hefe
500 ml Milch, etwas Salz

Für den Belag:
2 Tomaten
2 TL natives Olivenöl extra
Salz
Pfeffer, frisch gemahlen
frischer oder getrockneter Oregano
2 EL Mohn

Fett für das Backblech

- Für den Teig das Mehl in eine Schüssel geben, sodass in der Mitte eine Mulde entsteht. Die Hefe in die Mulde geben. Die Milch etwas erwärmen. Die Hefe mit etwas von der Milch und etwas Mehl in der Schüssel zu einem Vorteig verrühren. Die Schüssel mit einem Küchentuch abdecken und den Teig rund 15 Minuten gehen lassen.
- Anschließend das Salz zugeben und das gesamte Mehl mit der restlichen Milch in den Hefeteig einarbeiten. Diesen wiederum zugedeckt etwa 1 Stunde gehen lassen. Dann den Teig zu einem etwa 3 mm dicken Rechteck ausrollen. An der längeren Seite in der Mitte durchschneiden, sodass zwei Teigplatten entstehen.
- Die Tomaten und das Olivenöl mit Salz, Pfeffer und Oregano pürieren.
- Eine Teighälfte mit Wasser bestreichen und mit dem Mohn bestreuen. Die andere Teighälfte mit der Tomatenpaste bestreichen. Die beiden Teigplatten in 2 – 3 cm breite Streifen schneiden. Jeweils einen Mohnsteifen und einen Tomatenstreifen so miteinander verdrehen, dass die bestreuten beziehungsweise bestrichenen Seiten nach oben zeigen.
- Die Stangen auf ein gefettetes Backblech legen und im Backofen auf der mittleren Schiene bei 160 °C 15 – 20 Minuten backen.

Brokkoli-Mohn-Quiche

Für den Teig:
220 g Weizenvollkornmehl
125 g reine Pflanzenmargarine
1 Ei
etwas Salz
Pfeffer, frisch gemahlen

Für den Belag:
400 g Brokkoli
Salz
200 ml Schlagsahne
3 EL saure Sahne
50 g Mohn
3 Eier
3 TL mittelscharfer Senf
Pfeffer, frisch gemahlen
Muskat, frisch gerieben
100 g Gouda, frisch gerieben

- Mehl, Margarine, Ei und Gewürze zu einem Mürbeteig verkneten. Den Teig rund 2 Stunden zugedeckt im Kühlschrank ruhen lassen.
- Währenddessen den Brokkoli putzen und in Salzwasser garen. Den Brokkoli anschließend in ein Sieb abgießen und abtropfen lassen.
- Schlagsahne, saure Sahne, Mohn, Eier, Senf, etwas Salz, Pfeffer und Muskat mit dem Schneebesen verrühren.
- Den Teig ausrollen und ein Backblech damit belegen. Dabei einen Rand von geringer Höhe formen. Den gegarten Brokkoli etwas zerkleinern und auf dem Mürbeteig verteilen. Die Sahne-Ei-Masse auf dem Brokkoli verteilen und abschließend mit dem geriebenen Gouda bestreuen.
- Die Quiche im Backofen auf der mittleren Schiene bei etwa 160 °C rund 45 Minuten backen.

Knusperecken

für etwa 30 Knusperecken

125 g zarte Vollkornhaferflocken
125 g Weizenschrot oder grob gemahlener Weizen
400 ml Wasser
60 g Sesam
60 g Mohn
1 TL Salz
1 TL Kreuzkümmel, fein gemahlen

- Haferflocken, Weizenschrot und Wasser miteinander verrühren. Die Masse so lange quellen lassen, bis das Wasser komplett aufgesogen ist. Sesam, Mohn, Salz und Kreuzkümmel untermischen.
- Ein Backblech mit Backpapier auslegen und den Teig gleichmäßig darauf verteilen. Blech in die mittlere Schiene des Backofens schieben und den Teig bei 175 °C 15 Minuten backen.
- Blech aus dem Ofen nehmen und mit dem Rücken eines Messers Rillen in den Teig ziehen, sodass Dreiecke entstehen. Den Teig 45 weitere Minuten backen.
- Danach das Blech aus dem Ofen nehmen und die Teigplatte samt Backpapier zum Abkühlen auf einen Rost heben. Nach dem Abkühlen die Dreiecke an den markierten Kanten abbrechen.

Tipp

Die Sesam-Mohn-Ecken passen gut zu Käse, Salat und Dips jeglicher Art. Sie sind lange haltbar, können als Reiseproviant oder als gesunder Knabbersnack beim Spieleabend oder Filmeabend genutzt werden.

Mohnbrot mit Sonnenblumenkernen

Für den Vorteig:
200 g Roggenvollkornmehl
½ Päckchen Sauerteigextrakt oder 1 ½ EL Sauerteig
150 ml lauwarmes Wasser

Für den Teig:
220 g Weizenvollkornmehl
50 g Mohn
80 g Sonnenblumenkerne
1 Päckchen Trockenhefe
2 TL Salz
lauwarmes Wasser

Vollkornmehl für die Arbeitsfläche
Fett für die Kastenbackform oder das Backblech
Sonnenblumenkerne und Mohn zum Bestreuen

- Roggenmehl und Sauerteigextrakt mit dem lauwarmen Wasser zu einem festen Teig verkneten und über Nacht zugedeckt ruhen lassen.
- Die restlichen Zutaten für den Teig zum Vorteig geben und dabei so viel lauwarmes Wasser dazugeben und einarbeiten, bis eine feste Teigmasse entstanden ist. Diese gut durchkneten und zugedeckt 1 gute Stunde gehen lassen.
- Den Teig nochmals auf einer bemehlten Arbeitsfläche durchkneten, in die gewünschte Brotform bringen und entweder in eine Kastenbackform oder auf ein Backblech legen (beides sollte eingefettet sein).
- Die Oberfläche des Brotes mit Wasser einpinseln und als Dekoration mit einigen Sonnenblumenkernen und etwas Mohn bestreuen. Den Brotteig 30 weitere Minuten gehen lassen und dann in die mittlere Schiene des auf 220 °C vorgeheizten Backofens schieben. Zusätzlich einen Topf mit heißem Wasser in den Backofen stellen. 60 – 70 Minuten backen und das Brot anschließend auf einem Rost auskühlen lassen.

Mohnbrot mit Gemüse und Käse

4 Eier
140 ml Sonnenblumenöl
100 ml Weißwein oder Gemüsebrühe
150 g Mohn
250 g Weizenvollkornmehl
1 Päckchen Weinstein-Backpulver
1 TL Salz
50 g schwarze Oliven
50 g grüne Oliven
1 rote Paprikaschote
150 g Käse, grob gerieben
50 g frische Erbsen
50 g Zuckermaiskörner aus dem Glas
Fett für die Kastenbackform

- Die Eier im Mixer oder mit dem Handrührgerät verquirlen, Öl und Weißwein oder Gemüsebrühe unterrühren. Mohn, Mehl und Backpulver miteinander vermischen. Diese Mischung löffelweise in die Eiercreme geben und unterrühren. Mit dem Salz würzen.
- Die Oliven entsteinen und klein hacken. Paprika waschen, von Kernen und Trennwänden säubern und ebenfalls klein schneiden. Oliven, Paprika, Käse, Erbsen und Mais mit dem Teig vermengen.
- Den Teig in eine gut gefettete Kastenbackform geben und im Backofen auf der mittleren Schiene bei etwa 200 °C rund 1 Stunde backen. Das Brot anschließend in der Form etwas abkühlen lassen und zum Erkalten auf einen Gitterrost stürzen.

Tipp

Als Brotaufstrich eignet sich gut Streichkäse oder Hartkäse – oder einfach nur Butter.

Mohn-Käse-Taler

für 30 bis 34 Taler

1 Ei
220 g Weizenvollkornmehl
125 g reine Pflanzenmargarine
50 g Mandeln, gemahlen
etwas Salz
1 Messerspitze Chilipulver
200 g Emmentaler, fein gerieben
2 EL Mohn
3 EL Petersilie, frisch gehackt
2 EL Crème fraîche
Fett für das Backblech
1 EL Wasser

- Ei trennen und das Eiweiß zusammen mit dem Mehl, der Margarine, den Mandeln, dem Salz, dem Chilipulver und 125 g des Emmentalers zu einem Mürbeteig verkneten.
- Den Teig zu einer (oder auch zwei) 4 – 5 cm dicken Rolle(n) formen und zugedeckt 2 Stunden im Kühlschrank ruhen lassen.
- Den restlichen Emmentaler, den Mohn, die Petersilie und die Crème fraîche gut vermischen.
- Von der Teigrolle etwa 5 mm dicke Scheiben abschneiden. Die Taler kurz andrücken beziehungsweise formen und auf ein gefettetes Backblech legen. Das Eigelb mit dem Wasser verquirlen. Die Taler mit dem Eigelb bestreichen und darauf die Mohn-Käse-Masse verteilen.
- Taler im Backofen auf der mittleren Schiene bei 160 °C 15 – 20 Minuten backen. Taler nach dem Backen auf einem Kuchenrost abkühlen lassen.

 Tipp

Wer mag, kann den Teig auch ausrollen und mit Ausstechförmchen Mohn-Käse-Sterne, -Blüten, -Dreiecke ... kreieren.

Käsewindbeutel

für 6 bis 8 Windbeutel

Für die Windbeutel:
50 g Weizenvollkornmehl
20 g Speisestärke (2 EL)
125 ml Wasser
30 g Butter (2 ½ EL)
etwas Salz
2 Eier
½ TL Weinstein-Backpulver

Für die Füllung:
80 g Butter
80 g Roquefort-Käse
1 EL Sonnenblumenkerne
1 EL Mohn
100 ml Schlagsahne

Fett für das Backblech

- Mehl und Speisestärke mischen und sieben. Wasser, Butter und Salz – am besten in einem Stieltopf – unter Rühren zum Kochen bringen und vom Herd nehmen. Das Mehl-Stärke-Gemisch auf einen Schlag in die Flüssigkeit schütten und zügig mit dem Kochlöffel zu einem glatten Kloß verrühren. Ohne mit dem Rühren aufzuhören, nochmals etwa 1 Minute erhitzen.
- Den heißen Kloß in eine Rührschüssel geben und die Eier unterrühren. Da der Kloß am Anfang recht fest ist, eignet sich dazu bestens ein Kartoffelstampfer. Sind die Eier gut mit dem Teig vermischt, kann man diesen anschließend mit dem Kochlöffel glatt rühren.
- Der Teig sollte glänzen und beim Herausziehen des Kochlöffels in langen Spitzen abreißen. Das Backpulver unterrühren. Mit einem Spritzbeutel und Sterntülle kleine Teighäufchen (im unteren Bereich mit einem Durchmesser von 5 – 6 cm) auf ein gefettetes Backblech spritzen und jeweils mit einer geschwungenen Spitze abschließen.

- Im Backofen auf der mittleren Schiene bei 200 °C etwa 20 Minuten backen. Unmittelbar nach dem Backen von jedem Windbeutel mit einem Messer oder mit einer spitzen Schere einen kleinen Deckel abschneiden.
- Für die Käsefüllung die Butter schaumig rühren. Den Roquefort zerkleinern und unter die Butter mischen. Die Sonnenblumenkerne klein hacken und zusammen mit dem Mohn sowie der steif geschlagenen Sahne unter die Butter-Käse-Masse heben.
- Die Windbeutel innen dick mit der Creme bestreichen und die Deckel aufsetzen.

Als Dekoration kann man nach dem Aufsetzen der Deckel etwas Mohn oder klein gehackte Petersilie über die Windbeutel streuen.

Laugenbrezeln mit Mohn

für 8 Brezeln

etwa 500 g Weizenvollkornmehl
20 g Butter (2 EL)
1 Päckchen Trockenhefe
Salz
etwa 250 ml lauwarmes Wasser
250 ml 4-prozentige Natronlauge
Fett für das Backblech
1 EL Mohn

- Mehl, Butter, Trockenhefe, etwas Salz und das Wasser zu einem sehr zähen, festen Teig verkneten. Ist der Teig zu trocken, mit Bedacht etwas mehr Wasser dazugeben. Im umgekehrten Fall etwas mehr Mehl. Der Teig sollte trocken sein, das heißt nicht an den Händen kleben bleiben. Etwa 15 Minuten abgedeckt ruhen lassen.
- Den Teig in etwa acht gleich große Stücke teilen und jedes Teigstück zu einem langen Strang rollen und zu einer Brezel formen.
- Die Lauge in eine Schüssel oder einen Suppenteller geben. Für das Laugen unbedingt Haushaltshandschuhe anziehen. Die Brezeln in die Lauge tauchen (falls sie nicht tief genug für ein vollständiges Eintauchen ist, die Teigstücke einmal wenden) und die Brezeln dann auf ein gut gefettetes Backblech legen.
- 1 EL Salz mit dem Mohn mischen und über die Brezeln streuen. Brezeln im Backofen auf der mittleren Schiene bei 200 °C 15 – 20 Minuten backen.

Tipp

Zum Laugen: Da die Lauge mit Aluminium reagiert, sollte man kein Aluminiumblech verwenden. Handschuhe und benutztes Geschirr nach dem Laugen mit viel Wasser abspülen. Laugenreste können mit reichlich Wasser verdünnt im Ausguss des Spülbeckens entsorgt werden.

Die Lauge selbst ist im Chemikalienfachhandel oder über das Internet erhältlich. Oder einfach mal bei einem Bäcker nachfragen, ob er etwas von seinem Laugenvorrat abgibt.

Die Brezellauge kann man auch selbst herstellen: Zum Beispiel 5 g Natriumhydroxid (aus der Apotheke) in 75 Milliliter Wasser auflösen und damit die Brezeln einpinseln. Oder 2 Liter Wasser zum Kochen bringen und darin 4 gehäufte EL Soda (Natriumcarbonat) verrühren – dann den Topf vom Herd nehmen und die Brezeln jeweils etwa eine halbe Minute lang hineintauchen (geht gut zum Beispiel mit einer Siebkelle).

Suppen, Snacks und Salate mit Mohn

Lauch-Sauerrahm-Suppe mit geröstetem Mohn

für 2 bis 3 Personen

1 mittelgroße Zwiebel
1 Stange Lauch
etwas reine Pflanzenmargarine
400 ml Gemüsebrühe
Salz
Pfeffer, frisch gemahlen
3 EL saure Sahne
Zitronensaft, frisch gepresst
3 TL Mohn

- Zwiebel schälen und klein schneiden. Den Lauch waschen, putzen, in Scheiben schneiden und zusammen mit der Zwiebel in etwas Margarine andünsten. Mit der Gemüsebrühe ablöschen, mit Salz und Pfeffer würzen und 5 – 10 Minuten köcheln lassen. Anschließend mit dem Pürierstab mischen.
- Die saure Sahne dazugeben, mit Zitronensaft abschmecken und eventuell nochmals mit Salz und Pfeffer nachwürzen.
- Den Mohn mit etwas Margarine anrösten, in die Suppe geben, umrühren und servieren.

Kartoffelsuppe mit Weißmohn

für 3 bis 4 Personen

2 mittelgroße Zwiebeln
etwas reine Pflanzenmargarine
1 l Wasser
500 g Kartoffeln
1 Bund Suppengrün (Karotte, Sellerie, Lauch, Petersilie)
50 g Weißmohn, gemahlen
Salz
Pfeffer, frisch gemahlen

- Die Zwiebeln schälen, würfeln und in etwas Margarine anbraten. Anschließend mit dem Wasser ablöschen. Die Kartoffeln schälen, waschen und würfeln. Diese ebenso wie das geputzte und klein geschnittene Suppengrün zu den Zwiebeln geben und alles zum Kochen bringen.
- Sind Kartoffeln und Suppengrün gar, das Gemüse durch die Flotte Lotte drehen oder mit dem Pürierstab cremig pürieren.
- Den Weißmohn dazugeben, unterrühren und nochmals kurz aufkochen lassen. Mit Salz und Pfeffer abschmecken.

Gemüsesuppe mit Mohn-Grieß-Klößchen

für 3 bis 4 Personen

1 mittelgroße Zwiebel
etwas reine Pflanzenmargarine
1 l Wasser
1 Bund Suppengrün (Karotte, Sellerie, Lauch, Petersilie)
1 Tomate, Salz
Pfeffer, frisch gemahlen
2 EL Petersilie, fein gehackt

Für die Mohn-Grieß-Klößchen:
10 g Butter (1 EL)
125 ml Milch
Salz
Muskat, frisch gerieben
2 TL Mohn
40 g Weizenvollkorngrieß
1 Ei

- Die geschälte und klein geschnittene Zwiebel in etwas Margarine glasig dünsten und mit der Hälfte des Wassers ablöschen. Suppengrün und To-mate klein würfeln und zur Zwiebel geben. Mit Salz und Pfeffer würzen und etwa 10 Minuten kochen lassen. Das restliche Wasser dazugeben. Den Topf vom Herd nehmen und das Gemüse ziehen lassen.
- Für die Klößchen die Butter bei schwacher Hitze zerlassen. Milch, Salz und Muskat dazugeben und kurz aufkochen lassen. Den Topf vom Herd nehmen und den mit Mohn vermischten Grieß mit dem Schneebesen unterrühren, bis die Masse fest und einheitlich ist. Das Ei unterrühren.
- Die Gemüsesuppe nochmals erhitzen, kurz aufkochen lassen und gegebenenfalls nachwürzen. Für die Klößchen einen Teelöffel zuerst in die heiße Brühe der Gemüsesuppe tauchen und anschließend mit dem Löffel kleine Klößchen aus der Mohn-Grieß-Masse heben und in die heiße Gemüsebrühe geben. Klößchen noch etwa 5 Minuten in der Gemüsesuppe ziehen lassen. Sobald die Klößchen an der Oberfläche schwimmen, sind sie gar. Zum Schluss die gehackte Petersilie einstreuen.

Erbsensuppe mit Weißmohn

für 2 Personen

1 mittelgroße Zwiebel
etwas reine Pflanzenmargarine
500 ml Gemüsebrühe
200 g frische oder tiefgefrorene Erbsen
Salz
Pfeffer, frisch gemahlen
1 EL Petersilie, fein gehackt
2 EL Weißmohn, gemahlen
1 TL Zitronensaft, frisch gepresst
1 EL Schmand, saure Sahne oder Crème fraîche

- Zwiebel schälen, klein schneiden und in etwas Margarine anschwitzen. Mit der Hälfte der Gemüsebrühe ablöschen, Erbsen dazugeben, mit Salz und Pfeffer würzen.
- Die Petersilie dazugeben. Das Ganze 5 – 10 Minuten kochen lassen.
- Anschließend mit dem Pürierstab zerkleinern, bis eine homogene Masse entstanden ist. Restliche Gemüsebrühe hinzugeben, den Weißmohn unterrühren und nochmals kurz aufkochen lassen.
- Zum Schluss mit dem Zitronensaft und dem Schmand, der sauren Sahne oder der Crème fraîche abschmecken.

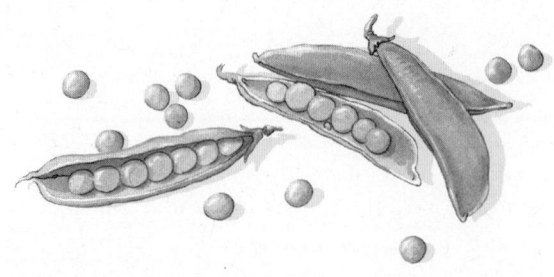

Tomatensuppe mit Mohn-Eierstich

für 3 bis 4 Personen

Für den Eierstich:
2 Eier
125 ml Milch oder Schlagsahne
1 EL Mohn
etwas Salz
etwas Pfeffer, frisch gemahlen
etwas Muskat, frisch gerieben
Butter

Für die Tomatensuppe:
1 mittelgroße Zwiebel
etwas reine Pflanzenmargarine
400 g Tomaten
½ TL frischer oder getrockneter Thymian
2 TL Zitronensaft, frisch gepresst
Salz
Pfeffer, frisch gemahlen
Schlagsahne

- Für den Eierstich die Eier, die Milch, den Mohn und die Gewürze miteinander verquirlen. Eine hitzebeständige Form (Suppentasse oder Müslischale) mit etwas Butter einfetten und die Eiermasse hineinfüllen.
- Form in einem Topf mit Wasser erhitzen und so lange in diesem Wasserbad garen, bis die Eiermasse stockt. Abkühlen lassen und die Masse in kleine Stücke schneiden. Da sich beim Stocken der Mohn an der Oberfläche absetzt, die Stücke so schneiden, dass jedes eine Mohnkruste aufweist.
- Die geschälte und klein geschnittene Zwiebel in der Margarine andünsten und die ebenfalls klein geschnittenen Tomaten sowie Thymian und Zitronensaft dazugeben. Mit Salz und Pfeffer abschmecken. Sobald die Tomaten weich gekocht sind, diese mit dem Pürierstab fein zerkleinern.
- Tomatensuppe mit Sahne auf die gewünschte Konsistenz bringen, nochmals kurz aufkochen lassen und die Eierstichwürfel einstreuen.

Linsenaufstrich mit Mohn und Sesam

Die Zutaten ergeben etwa 300 g Aufstrich.

125 g Linsen
Salz
125 g Zwiebeln
3 Knoblauchzehen
etwas reine Pflanzenmargarine
1 EL Sesam, gemahlen
1 EL Mohn, gemahlen
1 TL Koriander, gemahlen
Zitronensaft, frisch gepresst
Pfeffer, frisch gemahlen

- Linsen in Salzwasser weich kochen und überschüssiges Wasser abschütten. Die Zwiebeln schälen und in kleine Würfel schneiden, den Knoblauch schälen und zerdrücken. Beides in etwas Margarine glasig dünsten und zu den Linsen geben.
- Sesam, Mohn und Koriander dazugeben. Alles mit dem Pürierstab fein vermischen. Mit Zitronensaft, Salz und Pfeffer abschmecken.

 Tipp

Wer keinen Koriander hat, kann auch frische Petersilie verwenden. Der Aufstrich passt nicht nur gut aufs Brot, sondern auch zu Ofenkartoffeln.

Sellerieschiffchen mit Mohn-Frischkäse-Füllung

für 4 bis 6 Personen

1 Staude Stangensellerie
200 g Frischkäse
3 EL Schlagsahne
1 EL Mohn
1 TL edelsüßes Paprikapulver
1 Messerspitze weißer Pfeffer, frisch gemahlen
1 Messerspitze Selleriesalz oder einfaches Salz
1 Messerspitze Ingwerpulver

- Vom Staudensellerie vier Stangen abtrennen, waschen, abtrocknen und in etwa 8 cm lange Stücke schneiden. Die restlichen Zutaten miteinander verrühren.
- Die Frischkäse-Mohn-Creme mit dem Messer oder mit einem Spritzbeutel mit Sterntülle auf den Selleriestangen verteilen.

Tipp

Zum Verzieren eignen sich gut kleine Würfel von frischer Paprika, Mohnsamen – oder beides.

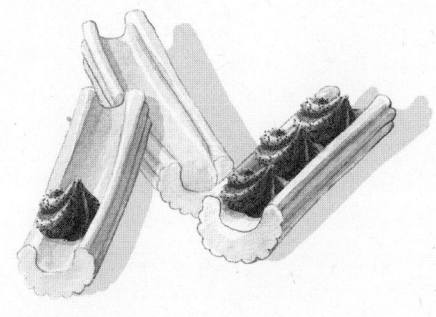

Mohnpesto

Die Zutaten ergeben etwa 150 g Pesto.

60 g Pinienkerne
60 g Parmesan, frisch gerieben
30 g Mohn
1 TL Salz
natives Olivenöl extra

- Die Pinienkerne klein hacken und zusammen mit dem Parmesan, dem Mohn und dem Salz in eine Schüssel geben.
- So viel Olivenöl zugeben und untermischen, bis eine streichfähige Masse entstanden ist.

Das Mohnpesto eignet sich gut als Brotaufstrich, passt aber auch zu Spaghetti. Damit sich die einzelnen Geschmacksbestandteile gut miteinander vermischen, sollte das Pesto vor dem Verzehr eine gute Stunde durchziehen.

Mohn-Sesam-Kartoffeln

für 1 bis 2 Personen

500 g Kartoffeln
2 EL Sesam
1 EL Mohn
2 TL edelsüßes Paprikapulver
2 EL natives Olivenöl extra
Zitronensaft, frisch gepresst
Salz
Pfeffer, frisch gemahlen

- Die Kartoffeln schälen, waschen und in Stücke mit Kantenlängen von etwa 2 cm schneiden.
- Sesam, Mohn und Paprikapulver mit dem Olivenöl mischen und mit Salz, Pfeffer und Zitronensaft abschmecken. Die Kartoffelstücke darin wenden und auf einem mit Backpapier ausgelegten Backblech verteilen.
- Im Backofen bei 200 °C rund 20 Minuten goldbraun backen, zwischendurch die Kartoffeln wenden.

 Tipp

Zu den Kartoffeln passt gut ein Joghurtdip, je nach Geschmack gewürzt mit Basilikum, Auberginen, Paprika oder Knoblauch.

Endivien-Apfel-Salat mit Mohndressing

für 2 bis 4 Personen

1 TL mittelscharfer Senf
2 EL Weinessig
Salz
1 EL milde Zwiebeln, geschält und gehackt
3 EL natives Olivenöl extra
1 EL Mohn, gemahlen
2 TL Zitronensaft, frisch gepresst
Pfeffer, frisch gemahlen
1 Apfel
¼ Kopf Endiviensalat

- Senf und Essig verrühren. Salz nach Geschmack und Zwiebeln dazugeben und mit dem Pürierstab zu einer sämigen Masse verarbeiten. Öl und Mohn unterrühren. Zitronensaft dazugeben und mit Pfeffer abschmecken.
- Apfel schälen, entkernen, klein schneiden und unter das Mohndressing rühren. Zum Schluss den gewaschenen, geputzten und in Streifen geschnittenen Endiviensalat dazugeben und durchmischen.

Reissalat mit Mohn

für 2 bis 4 Personen

125 g Vollkornreis
200 – 250 ml Wasser mit etwas Salz oder Gemüsebrühe
1 Paprikaschote
1 Zwiebel
2 EL Rosinen
2 EL Mohn
2 EL Petersilie, klein gehackt
2 TL Currypulver
5 EL natives Olivenöl extra
2 EL Weinessig
Salz
Pfeffer, frisch gemahlen

- Den Reis im Salzwasser oder in der Gemüsebrühe weich kochen. Ist die Flüssigkeit vollständig verkocht, den Topf von der Herdplatte nehmen und den Reis ausdampfen lassen.
- Die Paprika entkernen und in kleine Würfel schneiden, die Zwiebel schälen und ebenfalls klein würfeln. Paprika und Zwiebel mit den übrigen Zutaten und dem abgekühlten Reis vermengen, mit Salz und Pfeffer abschmecken.

Frühlingshafter Kartoffelsalat mit Mohnöl

für 2 bis 4 Personen

750 g festkochende Kartoffeln
Salz
2 TL Senf
3 EL Mohnöl (siehe Seite 42)
3 EL Weinessig
8 mittelgroße Radieschen
150 g Salatgurke
3 Schalotten
Pfeffer, frisch gemahlen
Kresse

- Kartoffeln in Wasser mit etwas Salz weich kochen.
- Senf, Mohnöl und Essig zu einer sämigen Konsistenz miteinander verrühren. Radieschen und Gurke klein schneiden, Schalotten schälen und ebenfalls fein zerkleinern. Radieschen, Gurke und Schalotten mit der Mohnöl-Vinaigrette mischen und darin ziehen lassen.
- Währenddessen die Pellkartoffeln schälen, in Scheiben schneiden und ebenfalls untermischen. Mit Salz und Pfeffer abschmecken.
- Abschließend mit Kresse bestreuen.

Waldviertler Bauernsalat

für 2 bis 4 Personen

4 Eier
4 Tomaten
½ Salatgurke
2 EL Petersilie, fein gehackt
2 EL Mohnöl (siehe Seite 42)
3 EL Weinessig
1 EL Zitronensaft, frisch gepresst
Salz
Pfeffer, frisch gemahlen
50 g Schafskäse

- Die Eier hart kochen, schälen und ebenso wie Tomaten und Gurke klein schneiden. Mit Petersilie, dem Mohnöl, Essig und Zitronensaft mischen. Mit Salz und Pfeffer abschmecken.
- Den Schafskäse in kleine Würfel schneiden oder zerbröseln und über den Salat streuen.

Zusätzlich oder alternativ zum Schafskäse kann man 1 – 2 EL Sonnenblumenkerne oder Sesam in der Pfanne rösten und über den Salat streuen.

Gurkensalat mit Mohnsamen

für 2 bis 4 Personen

300 g Salatgurke
½ TL Chilipulver
1 TL Koriander, gemahlen
2 EL Weißweinessig
1 EL Sonnenblumenöl
2 TL Mohn
Salz
Pfeffer, frisch gemahlen

- Die Enden der Gurke abschneiden, die Gurke bei Bedarf schälen und in kleine Stücke schneiden.
- Die Gewürze, Essig, Öl und Mohn über die Gurke geben. Gut mischen und nach Bedarf mit Salz und Pfeffer abschmecken. Achtung: Scharf!

Tipp

Natürlich funktioniert das Rezept auch mit einer frischen Chilischote und frischem Koriandergrün.

Spinatsalat mit Mohndressing

für 2 bis 4 Personen

1 Ei
100 g junger Blattspinat
1 kleine Zwiebel
1 Tomate
80 g Champignons
3 EL Balsamico-Essig
3 EL Sonnenblumenöl
1 EL Mohnöl (siehe Seite 42)
1 EL Zitronensaft, frisch gepresst
1 EL Mohn
Salz
Pfeffer, frisch gemahlen

- Das Ei hart kochen. Den Spinat waschen und größere Stiele entfernen.
- Zwiebel schälen und ebenso wie Tomate und Champignons klein schneiden. Mit dem Essig, dem Sonnenblumenöl und Mohnöl sowie dem Zitronensaft vermischen.
- Das hart gekochte und ebenfalls klein geschnittene Ei sowie den Spinat dazugeben und gut durchmischen.
- Mit Salz und Pfeffer aus der Mühle abschmecken.

Deftige Hauptgerichte mit Mohn

Mohn-Zucchini-Frikadellen

für 10 bis 12 Frikadellen

250 g Kartoffeln
250 g Zucchini
35 g Parmesan
100 g Weizenvollkornmehl
50 g Mohn
Salz
Pfeffer, frisch gemahlen
Vollkornsemmelbrösel
Pflanzenöl oder reine Pflanzenmargarine zum Braten

* Die Kartoffeln schälen und waschen. Zucchini waschen und ebenso wie die Kartoffeln und den Parmesan grob reiben. Das Vollkornmehl und den Mohn dazugeben, mit Salz und Pfeffer abschmecken und alles miteinander verkneten.
* Semmelbrösel auf einen Teller geben. Mit einem Löffel kleine Häufchen aus dem Teig formen, in den Semmelbröseln wenden und in Öl oder Margarine goldbraun braten.

Tipp

Zu den Frikadellen passt gut eine würzige Tomatensauce, ein gemischter Salat oder – in der heißen Jahreszeit – ein Joghurt-Knoblauch-Dip.

Nudeln mit Paprika, Kohl und Mohn

für 2 bis 3 Personen

1 rote Paprikaschote
250 g Weißkohl
Salz
375 g Vollkornnudeln
40 g Butter (4 EL)
2 Knoblauchzehen
4 EL Graumohn
½ TL edelsüßes Paprikapulver
½ TL rosenscharfes Paprikapulver
2 EL Joghurt
2 EL saure Sahne
100 ml Schlagsahne
100 g Schafskäse
Pfeffer, frisch gemahlen

- Paprikaschote entkernen und in Streifen schneiden, Weißkohl in Streifen schneiden. Paprika und Kohl in Wasser mit etwas Salz 2 – 3 Minuten blanchieren. Anschließend in ein Sieb abgießen und abtropfen lassen.
- Die Nudeln nach Packungsanweisung gar kochen.
- Butter in einer Pfanne bei kleiner Hitze zum Schmelzen bringen. Den geschälten und fein geschnittenen oder gepressten Knoblauch sowie den Mohn dazugeben und kurz anbraten.
- Paprika und Weißkohl hinzugeben und gut untermischen. Mit Salz und Paprikapulver würzen. Dann Joghurt, saure Sahne und Schlagsahne unterrühren.
- Gemüse auf die fertig gegarten Nudeln geben. Den in kleine Stücke geschnittenen oder zerbröselten Schafskäse darüber verteilen und mit Pfeffer aus der Mühle würzen.

Gefüllte Paprika

für 2 bis 3 Personen

175 g Vollkornreis
600 ml Wasser mit etwas Salz oder Gemüsebrühe
1 mittelgroße Karotte
2 EL Petersilie, gehackt
1 EL getrocknete Tomaten, gewürfelt
2 EL Graumohn
1 Messerspitze Chilipulver
1 Messerspitze Kurkumapulver
Pfeffer, frisch gemahlen
Salz
1 TL Zitronensaft, frisch gepresst
3 große rote Paprikaschoten
reine Pflanzenmargarine für die Auflaufform

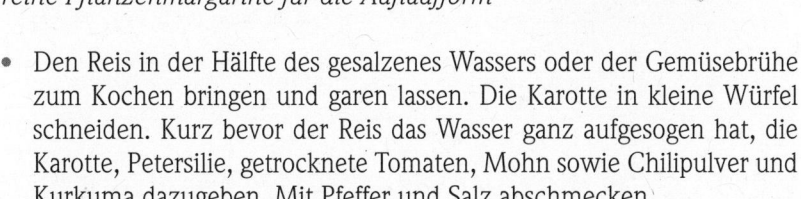

- Den Reis in der Hälfte des gesalzenes Wassers oder der Gemüsebrühe zum Kochen bringen und garen lassen. Die Karotte in kleine Würfel schneiden. Kurz bevor der Reis das Wasser ganz aufgesogen hat, die Karotte, Petersilie, getrocknete Tomaten, Mohn sowie Chilipulver und Kurkuma dazugeben. Mit Pfeffer und Salz abschmecken.
- Zitronensaft darübergießen. Die Masse so lange kochen lassen, bis die Flüssigkeit vollständig eingekocht ist.
- Paprika der Länge nach halbieren und putzen. Eine Auflaufform mit Margarine einfetten und die Paprikahälften in die Form legen.
- Den Reis mit einem Löffel in die Paprikahälften geben. Das restliche Wasser oder die restliche Gemüsebrühe in die Auflaufform geben und alles im Backofen bei 170 °C rund 30 Minuten garen.

Ravioli mit Spinat-Ricotta-Mohn-Füllung

für 4 Personen

Für die Füllung:
300 g frischer Spinat, Salz
30 g Butter (3 EL)
250 g Ricotta
2 EL Mohn
2 Eigelb
Pfeffer, frisch gemahlen
Muskat, frisch gerieben

Für den Teig:
400 g feinkörniger Hartweizengrieß
140 ml Wasser
2 EL Sonnenblumenöl
1 TL Salz
Hartweizengrieß zum Ausrollen

- Spinat waschen, große Stiele entfernen und Spinat kurz in Wasser mit etwas Salz garen. In ein Sieb abgießen und abkühlen lassen. Den Spinat danach sehr klein schneiden. Die Butter langsam zergehen lassen.
- Ricotta, Mohn, die zerlassene Butter sowie die Eigelbe zum Spinat geben und alles gut durchmischen. Mit Salz, Pfeffer und Muskat abschmecken.
- Für den Nudelteig Grieß, Wasser, Öl und Salz zu einem zähen Teig verkneten. Den Teig halbieren, jedes Teigstück zu einer Kugel kneten und anschließend beide Kugeln zugedeckt etwa 10 Minuten ruhen lassen. Dann die Teigkugeln dünn ausrollen (dabei immer wieder – um das Ankleben des Teiges zu verhindern – Mehl hinzugeben).
- Mit einem Teelöffel kleine Häufchen der Ricottamasse auf einer der beiden Teigplatten verteilen. Der Abstand zwischen den Häufchen sollte etwa 2 cm betragen. Die zweite Teigplatte darüberlegen und zwischen den Häufchen andrücken. Mit einem Messer oder Teigrädchen die Raviolistücke ausschneiden. Die anfallenden Randstücke können anschließend nochmals ausgerollt und wie beschrieben mit Ricotta gefüllt werden.
- Ravioli in Wasser mit etwas Salz 2 – 3 Minuten bissfest garen.

Kartoffelröllchen in Mohn-Zwiebel-Butter

für 3 bis 4 Personen

1 kg Kartoffeln
Salz
125 g Weizenvollkornmehl
1 Ei
Pfeffer, frisch gemahlen
Muskat, frisch gerieben
Weizenvollkornmehl zum Formen
40 g Butter (4 EL)
2 EL Mohn
1 große Zwiebel

- Die Kartoffeln schälen, waschen, würfeln und in Wasser mit etwas Salz garen. Das Wasser abgießen und die Kartoffeln zerstampfen, danach etwas abkühlen lassen.
- Mehl und Ei unter die Kartoffelmasse mischen und mit Salz, Pfeffer und Muskat würzen. Mit bemehlten Händen aus dem Teig kleine Stücke brechen und zu 10 – 15 mm dicken Röllchen formen.
- Die Butter in einer Pfanne zerlassen. Anschließend den Mohn und die geschälte und klein geschnittene Zwiebel so lange in der Butter erhitzen, bis die Zwiebel glasig ist. Die Kartoffelröllchen dazugeben und in der Zwiebel-Mohn-Butter schwenken. Die Kartoffelröllchen kurz bei stärkerer Hitzezufuhr goldbraun anbraten und servieren.

Zu den Kartoffelröllchen schmeckt auch eine fruchtige Tomatensauce gut – die sich ebenfalls gut zu den Ravioli mit Spinat-Ricotta-Mohn-Füllung (siehe nebenstehendes Rezept) macht.

Lauchgemüse mit Mohnkartoffeln

für 4 Personen

1,5 kg Kartoffeln
Salz
1 kg Lauch
80 g Butter
300 g Crème fraîche
2 EL Senfkörner, gemahlen
Pfeffer, frisch gemahlen
4 EL Mohn

- Die Kartoffeln schälen, waschen, in Würfel schneiden und in Wasser mit etwas Salz weich kochen.
- Den Lauch putzen, waschen und in etwa 1 cm lange Stücke schneiden. Die Hälfte der Butter langsam in einer Pfanne erhitzen und den Lauch kurz darin anbraten. Die Crème fraîche und die gemahlenen Senfkörner dazugeben, mit Salz und Pfeffer abschmecken und gut umrühren. Mit einem Deckel bedecken und rund 10 Minuten köcheln lassen.
- Die restliche Butter bei kleiner Hitzezufuhr langsam zergehen lassen. Den Mohn einrühren, die abgegossenen Kartoffeln darin schwenken und anschließend zusammen mit dem Lauchgemüse servieren.

Kartoffel-Mohn-Gratin

für 2 bis 4 Personen

800 g Kartoffeln
reine Pflanzenmargarine für die Auflaufform oder das Backblech
Salz
Pfeffer, frisch gemahlen
2 EL Graumohn
80 g Emmentaler, frisch gerieben
200 ml Schlagsahne

- Die Kartoffeln schälen, waschen und in dünne Scheiben schneiden. Die Kartoffelscheiben in eine mit Margarine eingefettete, flache Auflaufform oder auf ein Backblech legen. Mit Salz und Pfeffer würzen. Mohn und Käse darüberstreuen und zum Abschluss die Sahne darübergießen.
- Das Kartoffelgratin im Backofen auf der mittleren Schiene bei 180 – 200 °C garen.

Dazu passt gut Gemüse – gegart oder als Rohkost – oder ein Salat.

Ofenkartoffeln mit Mohnkruste

für 2 bis 4 Personen

800 g Kartoffeln
reine Pflanzenmargarine für die Auflaufform
etwas Sonnenblumenöl
80 g Emmentaler, frisch gerieben
2 EL Mohn
Salz
Pfeffer, frisch gemahlen
2 EL Schnittlauch, fein geschnitten

- Die Kartoffeln mit der Schale der Länge nach halbieren und in eine mit Margarine eingefettete Auflaufform setzen. Die Schnittflächen der Kartoffeln mit Öl bepinseln und die Kartoffeln im Backofen auf der mittleren Schiene bei 225 °C 25 Minuten backen.
- Den Emmentaler mit dem Mohn mischen und mit Salz und Pfeffer würzen. Die Kartoffeln aus dem Ofen nehmen. Mit einem Löffel die Käse-Mohn-Masse auf die Kartoffeln geben und 10 weitere Minuten bei 180 °C backen. Die Kartoffeln aus dem Ofen nehmen und mit dem Schnittlauch bestreuen.

Wer mag, kann die Ofenkartoffeln mit Oregano, Petersilie, Thymian oder Kümmel geschmacklich variieren.

Spargel mit Orangen-Mohn-Creme

für 2 bis 3 Personen

500 g Spargel
Salz
250 g Kartoffeln
2 unbehandelte Orangen
1 Eigelb
½ EL Mohnöl (siehe Seite 42)
Pfeffer, frisch gemahlen
Kresse

- Den Spargel schälen und in Wasser mit etwas Salz garen, ebenso die geschälten und in Würfel geschnittenen Kartoffeln in Wasser mit etwas Salz gar kochen.
- Orangenschale abreiben und die Orangen anschließend auspressen. Den Orangensaft und den Eidotter in eine Schüssel geben. Die Schüssel in einen mit Wasser gefüllten Topf setzen und das Ganze erhitzen. Dabei den Saft und den Eidotter mit dem Schneebesen schaumig schlagen. Mohnöl, etwas Salz und Pfeffer dazugeben. Nochmals gut durchschlagen.
- Spargel und Kartoffeln auf Tellern anrichten und mit der Orangen-Mohn-Creme überziehen. Mit Kresse und der abgeriebenen Orangenschale bestreuen und servieren.

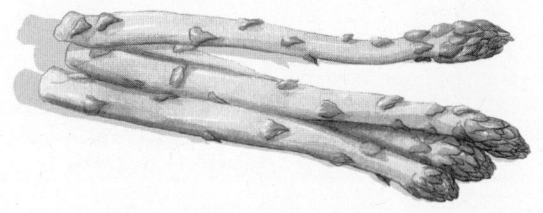

121

Spaghetti mit Frischkäse und Mohn

für 2 bis 3 Personen

300 g Vollkornspaghetti
Salz
1 Zwiebel
1 EL natives Olivenöl extra
20 g Kapern (knapp 3 EL)
125 ml Gemüsebrühe
150 g Ziegenfrischkäse
2 EL Mohn
3 EL Schlagsahne
150 g Tomaten
Pfeffer, frisch gemahlen

- Die Nudeln nach Packungsanleitung in Wasser mit etwas Salz bissfest kochen.
- In der Zwischenzeit die Zwiebel schälen und fein würfeln. In dem Öl glasig dünsten. Kapern klein schneiden und zur Zwiebel geben. Gemüsebrühe dazugießen und zum Kochen bringen. Anschließend den Käse darin schmelzen. Mohn und Sahne unterrühren.
- Die Tomaten in Würfel schneiden. Nudelwasser abgießen, Nudeln mit der Sauce übergießen und anschließend die gewürfelten Tomaten darüberstreuen. Mit Pfeffer aus der Mühle abschmecken.

Blumenkohl-Mohn-Risotto

für 2 bis 3 Personen

1 Zwiebel
etwas reine Pflanzenmargarine
150 g Vollkornreis
700 ml Gemüsebrühe
2 EL Mohn, gemahlen
1 TL Kurkumapulver
1 TL mittelscharfes Paprikapulver
Salz
Pfeffer, frisch gemahlen
400 g Blumenkohl
250 g frische oder tiefgekühlte Erbsen

- Die Zwiebel schälen, in kleine Würfel schneiden und in einer Pfanne mit etwas Margarine andünsten. Den Vollkornreis dazugeben, kurz erhitzen und die Gemüsebrühe darübergießen. Mohn und Gewürze dazumischen und das Ganze zum Kochen bringen. Die Pfanne mit einem Deckel abdecken und den Risotto bei kleiner Hitze rund 30 Minuten kochen lassen.
- Dann den klein geschnittenen Blumenkohl und die Erbsen dazugeben und 20 – 30 weitere Minuten garen, bis der Reis die Flüssigkeit vollständig aufgesogen hat.

Kartoffelplätzchen mit Pilzfüllung

für 3 bis 4 Personen

Für den Kartoffelteig:
300 g Kartoffeln
20 g Butter (2 EL)
1 Ei
3 EL Mohn, gemahlen
20 g Parmesan, frisch gerieben (knapp 1 ½ EL)
1 EL Speisestärke
Salz
Pfeffer, frisch gemahlen
Muskat, frisch gerieben
etwa 6 EL Weizenvollkornmehl

Für die Füllung:
200 g Champignons
1 Schalotte
1 Knoblauchzehe
etwas reine Pflanzenmargarine
1 EL frischer oder getrockneter Thymian
etwas Wasser
1 EL körnige Gemüsebrühe

- Die Kartoffeln in der Schale garen, gut ausdampfen lassen und schälen. Mit einem Kartoffelstampfer oder einer Reibe zerkleinern.
- Die Butter zerlassen. Ei, Mohn, die zerlassene Butter, den Parmesan, Speisestärke und Gewürze nach Geschmack unter die Kartoffelmasse mischen und so viel Mehl hinzugeben, bis die Masse nicht mehr klebrig ist und sich gut mit den Händen formen lässt.

- Champignons fein hacken, Schalotte und Knoblauch schälen und fein hacken. Etwas Margarine in der Pfanne erhitzen und Champignons, Schalotte sowie den Knoblauch anbraten. Den Thymian und die in etwas Wasser aufgelöste Gemüsebrühe hinzugeben und die Flüssigkeit gut einkochen lassen.
- Aus der Kartoffelmasse handtellergroße Plätzchen formen. Jeweils ein wenig von der Pilzmasse in die Mitte eines Plätzchens geben. Die Füllung mit etwas Kartoffelmasse abdecken und die Plätzchen von den Seiten her einschlagen.
- Anschließend die Kartoffel-Pilz-Plätzchen in heißem Wasser mit etwas Salz garen. Wird von der Pilzmasse nicht alles für die Füllung verwendet, kann man die gegarten Kartoffelplätzchen darin nochmals kurz anbraten.

Zu den Kartoffelplätzchen passt eine einfache Tomatensauce ebenso gut wie eine Gemüsebeilage. Hervorragend als Beilage passen zudem angebratene Zwiebeln.

125

Salbei-Mohn-Gnocchi

für 2 bis 3 Personen

500 g mehligkochende Kartoffeln
Salz
30 g Pinienkerne (gut 4 EL)
Muskat, frisch gerieben
70 g Butter
150 g Braunhirsemehl oder Hirsemehl
Hirsemehl zum Formen
10 Blätter frischer Salbei
2 EL Mohn

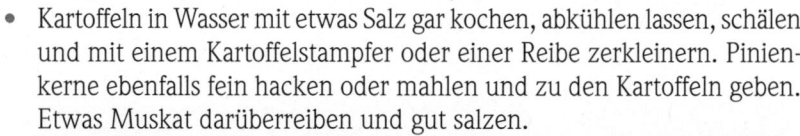

- Kartoffeln in Wasser mit etwas Salz gar kochen, abkühlen lassen, schälen und mit einem Kartoffelstampfer oder einer Reibe zerkleinern. Pinienkerne ebenfalls fein hacken oder mahlen und zu den Kartoffeln geben. Etwas Muskat darüberreiben und gut salzen.
- Die Hälfte der Butter langsam schmelzen und ebenso wie das Mehl nach und nach unter die Kartoffelmasse kneten, bis der Teig nicht mehr klebrig ist. Aus dem Teig in den bemehlten Handflächen Kugeln mit jeweils etwa 15 mm Durchmesser rollen. Die Kugeln zu Ovalen formen und mit einer Gabel jeweils ein Streifenmuster eindrücken.
- Gnocchi in kochendem Wasser mit etwas Salz etwa 2 Minuten garen. Die Gnocchi treiben auf der Wasseroberfläche, wenn sie gar sind. Mit einem Sieb aus dem Wasser nehmen und abtropfen lassen.
- Die restliche Butter zergehen lassen, die grob zerkleinerten Salbeiblätter sowie den Mohn hinzugehen und erhitzen.
- Die Gnocchi in die Salbei-Mohn-Butter geben, kurz darin schwenken und das Ganze servieren – zum Beispiel mit einem Tomaten-, Paprika-, Zucchini- und Auberginengemüse.

Kartoffelcurry mit Mohnsamen

für 2 Personen

500 g festkochende Kartoffeln
2 frische rote Chilischoten
1 Stück frischer Ingwer, etwa 2 cm lang
40 g reine Pflanzenmargarine (4 EL)
1 TL Kurkumapulver
1 TL edelsüßes Paprikapulver
¼ TL Chilipulver
300 ml Wasser
Salz
3 EL Weißmohn, gemahlen

- Die Kartoffeln schälen, waschen und in Würfel mit etwa 2 cm Kantenlänge schneiden. Die Chilischoten waschen, putzen und klein schneiden. Den Ingwer schälen und fein reiben.
- Margarine erhitzen, die Kartoffeln dazugeben und etwa 5 Minuten anbraten, dabei öfter wenden. Chilischoten, Ingwer und Gewürze dazugeben und etwa 3 Minuten weiterbraten. Die Gewürze dürfen dabei nicht zu dunkel werden.
- Das Wasser hinzugeben, nach Geschmack salzen und gut verrühren. Kurz aufkochen lassen und den Mohn darüberstreuen. Nochmals gut umrühren und bei mäßiger Hitze und geschlossenem Deckel so lange kochen lassen, bis die Kartoffeln weich sind.

Die Menge der Kartoffeln kann man halbieren und die Kartoffeln dann mit Zucchini oder Paprikaschote kombinieren.

Nachspeisen mit Mohn

Mohncreme

für 4 bis 6 Personen

1 TL Agar-Agar
375 ml kalte Milch
1 Ei
30 g Vollrohrzucker (gut 2 EL)
½ Vanilleschote
etwas Salz
2 TL Zitronensaft, frisch gepresst
40 g Mohn, gemahlen (4 EL)
150 ml Schlagsahne

- Agar-Agar in etwas von der kalten Milch anrühren.
- Ei, restliche Milch, Vollrohrzucker, das ausgekratzte Mark der Vanilleschote, Salz, Zitronensaft und Mohn mit dem Schneebesen verrühren und zum Kochen bringen.
- Das angerührte Agar-Agar dazugießen und unter Rühren kurz aufkochen lassen. Mohncreme erkalten lassen, dabei von Zeit zu Zeit umrühren.
- Sahne steif schlagen und unter die abgekühlte Creme heben.

Palatschinken ...

für 3 bis 4 Personen

Für den Palatschinkenteig:
6 EL Weizenvollkornmehl
3 Eier
etwas Salz
Milch
Pflanzenöl oder reine Pflanzenmargarine zum Braten

- Das Mehl, die Eier und das Salz mit so viel Milch vermischen, dass ein sehr dünnflüssiger Teig entsteht. Eventuell etwas quellen lassen.
- Den Teig in der Pfanne mit Öl oder Margarine zu dünnen Eierkuchen ausbacken.

... mit Mohn-Schoko-Haselnuss-Füllung

400 ml Schlagsahne
4 EL Vollrohrzucker
4 EL Kakaopulver
1 EL Zimt, gemahlen
eventuell 2 EL Rum
100 g Haselnüsse, gemahlen
4 EL Mohn, gemahlen

- Die Sahne zusammen mit dem Zucker, dem Kakaopulver, dem Zimt und eventuell dem Rum (wer keinen Alkohol verwenden möchte, kann den Rum einfach weglassen) kurz aufkochen lassen.
- Haselnüsse und Mohn unterrühren und cremig verrühren.
- Die Eierkuchen damit bestreichen und zusammenrollen.

... mit Mohn-Quark-Heidelbeer-Füllung

250 ml Milch
2 EL Honig
4 EL Heidelbeerkonfitüre
4 EL Mohn, gemahlen
200 g Quark
Zitronensaft, frisch gepresst

- Die Milch mit dem Honig und der Heidelbeerkonfitüre unter ständigem Rühren so lange erhitzen, bis eine homogene Masse entstanden ist.
- Den Mohn dazugeben. Die Hitze abstellen, die Masse etwas abkühlen lassen und dann den Quark unterrühren. Abschließend mit einigen Spritzern Zitronensaft abschmecken.
- Quarkmasse auf die Eierkuchen geben und diese zusammenrollen.

Mohn-Rosinen-Creme

für 3 bis 4 Personen

1 Orange
50 g Rosinen
100 g Weizenvollkorngrieß
100 g Mohn, gemahlen
30 g Vollrohrzucker (gut 2 EL)
500 ml Milch
½ TL Zimt, gemahlen
1 Messerspitze Gewürznelken, gemahlen
200 ml Schlagsahne

- Die Orange auspressen und die Rosinen im ausgepressten Orangensaft einweichen.
- Grieß, Mohn, Vollrohrzucker und Milch unter ständigem Rühren erhitzen und kurz aufkochen lassen. Zimt, Nelken sowie Rosinen einschließlich des eventuell noch verbliebenen Orangensaftes einrühren.
- Den Mohn-Grießbrei abkühlen lassen, dabei immer mal wieder umrühren. Sahne steif schlagen und unter die erkaltete Masse heben.

Statt mit Orangensaft kann man die Rosinen auch mit 2 EL Rum tränken. Zur Creme passt gut Obst – egal, ob püriert oder in Stücken.

Mohn-Pannacotta

für 4 Personen

1 Vanilleschote
500 ml Schlagsahne
50 g Vollrohrzucker
30 g Mohn (3 EL)
1 TL Agar-Agar

- Mark der Vanilleschote aus der Schote lösen und mit Sahne, Zucker und dem Mohn verrühren. Die Masse zum Kochen bringen und etwa 10 Minuten köcheln lassen – dabei öfters umrühren.
- Agar-Agar einrühren. Gelierprobe durchführen: Dazu ein wenig von der Creme auf einen Teller geben, erkalten lassen und die Konsistenz überprüfen.
- Die Mohnsahne zum Abkühlen in Schälchen füllen.

Wer will, kann die Pannacotta in Zierförmchen füllen und nach dem Abkühlen auf einen Teller stürzen. Zur Pannacotta passen gut Fruchtsaucen jeglicher Geschmacksrichtung, aber auch frisches Obst und Kompott.

Apfel-Mohn-Dessert

für 4 bis 6 Personen

4 mittelgroße Äpfel
200 g Joghurt
2 EL Haselnüsse, gehackt
2 EL Mohn
4 EL heiße Milch
2 EL Honig
Zitronensaft, frisch gepresst

- Die Äpfel grob reiben und mit Joghurt und Haselnüssen vermischen.
- Den Mohn in der heißen Milch kurz quellen lassen und unter die Apfel-Joghurt-Masse mischen.
- Anschließend den Honig dazugeben und mit Zitronensaft abschmecken.

Apfel-Mohn-Auflauf

für 4 bis 6 Personen

6 Eier
2 EL Honig
100 g Butter
4 EL Milch
2 EL Mohn
250 g Quark
100 g Vollkorngrieß
½ Päckchen Weinstein-Backpulver
500 g säuerliche Äpfel
Fett für die Auflaufform

- Die Eier trennen und die Eiweiße zu Schnee schlagen.
- Eigelbe, Honig und Butter schaumig rühren.
- Milch und Mohn kurz aufkochen. Den Topf vom Herd nehmen und die Masse etwas quellen lassen.
- Quark, Grieß, Mohn und Backpulver in die Eigelb-Butter-Masse rühren. Die Äpfel grob reiben und unter die Quarkmasse ziehen. Abschließend den Eischnee unterheben.
- Die Masse in eine gefettete Auflaufform geben und im Backofen auf der mittleren Schiene bei 170 °C rund 30 Minuten stocken lassen.

Mohn-Joghurt-Mousse

für 4 bis 6 Personen

400 g Joghurt (3,5 % Fett)
1 Vanilleschote
2 EL Mohnsamen, gemahlen
2 EL Honig
125 ml Schlagsahne

- Den Joghurt in ein mit einem Küchentuch ausgelegtes feines Küchensieb geben. Das Sieb in eine Auffangschale hängen und den Joghurt über Nacht in den Kühlschrank stellen, damit die Molke ablaufen kann.
- Den abgetropften Joghurt in eine Schüssel geben. Die Vanilleschote auskratzen und das ausgekratzte Mark zusammen mit dem Mohn und dem Honig unter den Joghurt rühren.
- Die Sahne steif schlagen ebenfalls unter die Joghurtmasse heben.

Tipp

Dazu passen gut frische Früchte ebenso wie Kompott.

Mohn-Orangen-Dessert aus Tschechien

für 4 bis 6 Personen

4 Eier
2 EL Vollrohrzucker
100 g Mandeln, gemahlen
70 g Mohn, gemahlen
½ TL Zimt, gemahlen
1 Messerspitze Gewürznelke, gemahlen
1 unbehandelte Orange
Fett für die Auflaufform

- Die Eier trennen und die Eiweiße zu Schnee schlagen.
- Die Eigelbe und den Zucker schaumig rühren. Mandeln, Mohn, Zimt und Nelken dazugeben. Die Schale der Orange abreiben, zur Eigelb-Mohn-Creme geben und alles miteinander vermischen.
- Den Eischnee unterheben und die Masse in eine gefettete Auflaufform geben. Im Backofen auf der mittleren Schiene bei 170 °C 10 – 15 Minuten backen und anschließend mehrfach mit einer Gabel einstechen.
- Die Orange auspressen und den Saft über das Dessert gießen.

Aprikosen-Mohn-Konfekt

für etwa 20 Stück Konfekt

200 g getrocknete, ungeschwefelte Aprikosen
heißes Wasser zum Einweichen der Aprikosen
100 g Kokosraspel
2 EL Mohn
2 EL Zitronensaft, frisch gepresst

Zum Verzieren:
20 g Kokosraspel (4 EL)
1 TL Mohn

- Aprikosen in eine Schüssel geben und mit kochend heißem Wasser überbrühen. Die Aprikosen rund 3 Stunden ziehen lassen.
- Das nicht eingezogene Wasser abschütten und die Aprikosen durch einen Gemüsewolf drehen. Die Kokosraspel und den Mohn untermischen und die Masse anschließend nochmals durch den Gemüsewolf drehen oder pürieren. Den Zitronensaft unterrühren.
- Die Aprikosenmasse zu einer Rolle formen, die einen Durchmesser von 3 – 4 cm haben sollte – das geht am besten, wenn man die Masse auf ein Stück Butterbrotpapier legt und mit Hilfe des Papiers die Rolle formt.
- Von der Rolle etwa 5 mm dicke Scheiben abschneiden und in der Mischung aus Kokosraspeln und Mohn wenden. Die Taler auf ein mit Butterbrotpapier ausgelegtes Blech legen und trocknen lassen. Bei normaler Raumtemperatur dauert das etwa 2 Tage. Man kann das Konfekt auch im kurz angewärmten Backofen bei geöffneter Ofentür schneller trocknen. Dazu immer mal wieder den Ofen kurz auf 50 °C anheizen.

Das Rezept gelingt auch mit getrockneten Zwetschgen.

Mohn-Zwetschgen-Pralinen

für 60 bis 80 Pralinenkugeln

200 g getrocknete Zwetschgen
2 EL Rum oder Orangensaft, frisch gepresst
250 ml Schlagsahne
50 g Vollrohrzucker
1 TL Zimt, gemahlen
120 g Mohn
160 g Haselnüsse, gemahlen
400 g Zartbitter-Kuvertüre

- Die Zwetschgen über Nacht im Rum oder Orangensaft ziehen lassen.
- Sahne, Zucker und Zimt mischen und kurz zum Kochen bringen. Den Mohn und anschließend die Nüsse unterrühren, sodass eine relativ feste Masse entsteht. Die eingelegten Zwetschgen klein schneiden, unter die Mohnmasse mischen und die Masse anschließend abkühlen lassen.
- Mit einem Teelöffel kleine Stücke aus der Masse heben und diese mit den Händen zu Kugeln formen. Die Kugeln im Kühlschrank gut durchkühlen lassen.
- Die Kuvertüre im Wasserbad verflüssigen (wer möchte, kann auch Vollmilch-Kuvertüre oder weiße Kuvertüre verwenden). Die Kugeln in die Kuvertüre tauchen (dafür eignet sich bestens ein Kartoffeldreizack) und auf einem Stück Butterbrotpapier erkalten lassen. Die Kugeln anschließend in Pralinenkapseln setzen. Kühl aufbewahren.

Bananen im Amarant-Mohn-Mantel

für 4 Personen

4 Bananen
60 g Amarant
60 g Mohn
Sonnenblumenöl zum Braten

Für die Schokoladensauce:
50 ml Milch
70 g Zartbitter-Kuvertüre
½ TL Kardamom, gemahlen
2 EL Vollrohrzucker

- Die Bananen schälen und der Länge nach halbieren. Amarant und Mohn auf einem flachen Teller miteinander vermischen und die Bananen darin wenden. Das Öl in einer Pfanne erhitzen und die Bananen darin goldgelb anbraten.
- Für die Schokoladensauce die Milch mit der grob zerkleinerten Kuvertüre, dem Kardamom und dem Zucker erhitzen und zu einer cremigen Masse verrühren.
- Die Bananen auf einen Teller geben und mit der Schokoladensauce überziehen.

Bratäpfel mit Mohnfüllung

für 4 bis 6 Personen

6 säuerliche Äpfel (am besten Boskop)
Zitronensaft, frisch gepresst
Butter
100 ml Schlagsahne
50 g Mohn, gemahlen
25 g Mandeln, gehackt (2 – 3 EL)
25 g Rosinen (2 EL)
1 EL Honig
2 EL Crème fraîche

- Die Kerngehäuse der Äpfel mit einem Kernausstecher oder Messer entfernen. Die Schnittflächen mit Zitronensaft einpinseln, damit sie nicht oxidieren und braun werden. Äpfel an den Unterseiten glatt anschneiden, damit sie gut auf dem Boden der zuvor mit Butter eingefetteten, feuerfesten Auflaufform oder Backform stehen können. Die Äpfel in die Backform stellen.
- Sahne erhitzen, die restlichen Zutaten dazugeben, gut mischen und kurz aufkochen lassen. Den Topf vom Herd nehmen, die Masse ausquellen lassen und anschließend mit einem Teelöffel in die Äpfel füllen.
- Je ein Butterflöckchen auf jeden Apfel geben und die Äpfel im Backofen auf der mittleren Schiene bei 220 °C 20 – 30 Minuten backen. Die Äpfel sind fertig gegart, wenn sie schön weich sind – das lässt sich leicht mit einer Stricknadel überprüfen.

Die Bratäpfel pur, mit Sahne oder Crème fraîche servieren. Wer mag,
kann die Rosinen auch in Rum oder Madeira einweichen.

Mohn-Grapefruit-Creme

für 4 Personen

25 g Mohn, gemahlen (2 ½ EL)
150 ml Grapefruitsaft, frisch gepresst
1 TL Agar-Agar
200 ml Schlagsahne
2 EL Vollrohrzucker
200 g Joghurt

- Den Mohn mit dem Grapefruitsaft und dem Agar-Agar mischen und kurz aufkochen lassen. Anschließend abkühlen lassen.
- Währenddessen die Sahne zusammen mit dem Zucker steif schlagen.
- Den Joghurt in eine Schüssel geben und mit der abgekühlten Mohnmasse mischen. Abschließend die steif geschlagene Sahne unterziehen.

 Tipp

Statt Grapefruitsaft kann man auch Orangensaft oder einen anderen Fruchtsaft für die Zubereitung der Creme verwenden.

Bezugsquellen

Mohnsamen, Mohnöl und Erzeugnisse daraus

Blaumohnsamen ist hierzulande fast überall im Lebensmitteleinzelhandel erhältlich – in Naturkostläden, Reformhäusern oder Supermärkten. Die Samen gibt es sowohl in Bioqualität als auch aus konventionellem Anbau. Neben den ganzen, ungemahlenen Samen gibt es dort meist auch gemahlenen Blaumohn oder Dampfmohn (gemahlene und gedämpfte Samen).

Graumohn und **Weißmohn** erhält man in Deutschland meist nur im Versandhandel. Anders ist es zum Beispiel in Österreich, wo neben Blaumohn auch Graumohn und Weißmohn in größeren Mengen angebaut werden und im Einzelhandel erhältlich sind.

In Deutschland wird Blaumohn bisher vereinzelt angebaut. Die Landwirte verkaufen ihre Ernten meist lokal, zum Beispiel in Hofläden, Naturkostläden, auf Märkten oder an Bäckereien vor Ort. Informieren Sie sich, ob Mohn in Ihrer Region angebaut wird.

Den Blaumohn, der in ökologischer Qualität im deutschen Naturkosthandel erhältlich ist, beziehen die Hersteller aus unterschiedlichen Ländern. Die Naturkosthersteller Rapunzel Naturkost AG, Davert GmbH oder Bohlsener Mühle GmbH arbeiten zum Beispiel mit Mohnbauern in der Türkei zusammen und beziehen ihren Mohn von dort. In Reformhäusern, die der neuform-Vereinigung angeschlossen sind, erhält man ebenfalls Blaumohn, auch in gemahlener Form. Der Mohn der neuform-Vereinigung stammt aus Dänemark. Andere Hersteller erhalten ihren Mohn zum Beispiel aus Tschechien. Die österreichische Naturkostfirma Sonnentor Kräuterhandels GmbH, ansässig in Zwettl im Waldviertel, bietet neben Blaumohn auch Waldviertler Graumohn sowie Weißmohn aus Bioanbau an.

Mohnöl aus ökologischem wie konventionellem Anbau ist ebenfalls im Lebensmitteleinzelhandel erhältlich, in Bioläden und Reformhäusern, Delikatessenläden oder in gut sortierten Supermärkten.

Sollten Sie in örtlichen Fachgeschäften nicht fündig werden, ist sowohl Mohnsamen – blau, grau, weiß – als auch Mohnöl im Versandhandel, zum Beispiel über das Internet, erhältlich. Im Folgenden eine Auswahl an Anbietern mit entsprechendem Sortiment und Onlineshop.

Sonnentor Kräuterhandelsgesellschaft mbH
www.sonnentor.com

Rapunzel Naturkost AG
www.rapunzel.de

neuform – Vereinigung deutscher Reformhäuser e. G.
www.neuform.de

Ölmühle Fandler GmbH
www.fandler.at

Ölmühle Solling
www.oelmuehle-solling.de

Wer das Mohnanbaugebiet im österreichischen Waldviertel besucht, kann die Gelegenheit nutzen, Mohnsamen und Mohnöl sowie weitere Produkte mit Mohn direkt vor Ort zu kaufen. In vielen Cafés, Konditoreien und Restaurants kann man sich dort mit süßen und deftigen Mohnspezialitäten verwöhnen lassen, sich von Märkten und Festen rund um den Mohn inspirieren lassen und kulinarische Tradition erleben. Im Folgenden zwei Adressen:

Waldland Vermarktungs GmbH
Oberwaltenreith 10
3533 Friedersbach
Österreich
www.waldland.at
Graumohn in Bioqualität sowie Graumohn und Weißmohn aus konventionellem Anbau – ganze Samen, gemahlene Samen – und weitere mit Mohn hergestellte Spezialitäten, zum Beispiel Mohnöl, Schokolade oder Gebäck

Waldviertler Mohnhof
Familie Greßl
Haiden 11
3631 Ottenschlag
Österreich
www.mohnhof.at
Mohnmuseum sowie Blaumohn, Graumohn und Weißmohn aus konventionellem Anbau sowie weitere Spezialitäten aus Mohn, zum Beispiel Öl und Kosmetikartikel

Mohnmühlen

Mohnmühlen sind in gut sortierten Fachgeschäften für Küchengeräte erhältlich. Sollten Sie nicht fündig werden, können Sie die Geräte auch im Versandhandel erwerben. Im Folgenden eine Auswahl an Adressen.

Keller GmbH & Co. KG
Konradstraße 17
79100 Freiburg
www.biokeller.de

Jupiter Küchenmaschinen GmbH
Raiffeisenstraße 8
73249 Wernau
www.jupiter-gmbh.de

LUBA GmbH
Ober-Eschbacher Straße 37
61352 Bad Homburg
www.luba.de

Manufactum GmbH & Co. KG
Hiberniastraße 5
45731 Waltrop
www.manufactum.de

Getrocknete Mohnkapseln

Getrocknete Mohnkapseln zur Dekoration sind im Fachhandel für Bastelbedarf und Floristik erhältlich. Sollten Sie im örtlichen Einzelhandel keine Mohnkapseln finden, bietet sich der Versandhandel als Bezugsquelle an. Im Folgenden eine Adresse.

Miroflor Floristik- und Geschenkewerkstatt
Goethestraße 35
07973 Greiz
www.miroflor.de

Saatgut für Mohn
Templiner Kräutergarten
Elsternest 1
17268 Templin
www.templiner-kraeutergarten.de

Keimzeit Saatgut-Fachversand
Hainholzweg 3
21358 Mechtersen
www.keimzeit-saatgut.de

Kräuter-Simon
Kräuter • Duftpflanzen • Raritäten
Steens-Hallig-Hof
Strengweg 1, Efkebüll
25842 Langenhorn
www.kraeuter-simon.com

Rühlemann's Kräuter & Duftpflanzen
Auf dem Berg 2
27367 Horstedt
www.kraeuter-und-duftpflanzen.de

Bioland Hof Jeebel
Biogartenversand OHG
Jeebel 17
29410 Salzwedel OT Jeebel
www.biogartenversand.de

Dreschflegel GbR
In der Aue 31
37213 Witzenhausen
www.dreschflegel-saatgut.de

Kräuter- und Wildpflanzengärtnerei Strickler
Lochgasse 1
55232 Alzey
www.gaertnerei-strickler.de

Bingenheimer Saatgut AG – Ökologische Saaten
Kronstraße 24
61209 Echzell-Bingenheim
www.bingenheimersaatgut.de

Syringa
Duftpflanzen und Kräuter
Bachstraße 7
78247 Hilzingen-Binningen
www.syringa-samen.de

Stiftung Kaiserstühler Garten
Eichstetter Stiftung zur Bewahrung der Kulturpflanzenvielfalt
in der Region
Hauptstraße 140
79356 Eichstetten am Kaiserstuhl
www.kaiserstuehler-garten.de

Hof Berg-Garten GbR
Großherrischwand
Lindenweg 17
79737 Herrischried
www.hof-berggarten.de

Sativa Dettighofen GmbH
Keltenweg 4
79798 Jestetten-Altenburg
www.sativa-saatgut.de

Arche Noah
Gesellschaft für die Erhaltung der Kulturpflanzenvielfalt &
ihre Entwicklung
Obere Straße 40
3553 Schiltern
Österreich
www.arche-noah.at

Voitsauer Wildblumensamen
Voitsau 8
3623 Kottes-Purk
Österreich
www.wildblumensaatgut.at

C. und R. Zollinger – biologische Samengärtnerei
1897 Les Evouettes
Schweiz
www.zollinger-samen.ch

Die Wildstaudengärtnerei Patricia Willi
Neumühle 2
Waldibrücke
6274 Eschenbach
Schweiz
www.wildstauden.ch

Sativa Rheinau AG
Klosterplatz 1
8462 Rheinau
Schweiz
www.sativa-rheinau.ch

Genehmigung für Schlafmohnanbau in Deutschland

In Deutschland benötigt man für den Anbau von Schlafmohn eine Genehmigung. Diese ist bei der Bundesopiumstelle in Bonn erhältlich. Das Formblatt für den Erlaubnisantrag steht auf der Internetseite des Bundesinstituts zum Herunterladen bereit (Suchbegriff »Schlafmohn« bei der Suchfunktion eingeben ➤Formblätter ➤Erlaubnisanträge ➤Anbau von Papaver somniferum).

Derzeit sind zwei Schafmohnsorten zum Anbau zugelassen: die Sorte 'Zeno Morphex' und die Sorte 'Mieszko'. Die Sorte 'Zeno Morphex' erhält man zum Beispiel bei der Firma Templiner Kräutergarten (siehe Seite 147).

Bundesinstitut für Arzneimittel und Medizinprodukte (BfArM)
Bundesopiumstelle
Kurt-Georg-Kiesinger-Allee 3
53175 Bonn
www.bfarm.de

Zum Weiterlesen

- Ahrens, Wilfried & Jan Sneyd: **Mohn. Sorten, Anbau, Rezepte.**
  Ulmer Verlag, Stuttgart 2000

- Baltisberger, Matthias: **Systematische Botanik.**
  vdf Hochschulverlag, Zürich 2009

- Becker, Klaus: **Farbatlas Nutzpflanzen in Mitteleuropa.**
  Ulmer Verlag, Stuttgart 2000

- **Blutalkohol,** Vol. 41, Lübeck 2004

- Grey-Wilson, Christopher:
  Poppies. The poppy family in the wild and in cultivation.
  Batsford Ltd., Portland, Oregon 2000

- Hanf, Martin: **Farbatlas Feldflora.** Ulmer Verlag, Stuttgart 1990

- Heilmeyer, Marina: **Die Sprache der Blumen. Von Akelei bis Zitrus.**
  Prestel Verlag, München 2000

- Jay, Mike: **High Society – eine Kulturgeschichte der Drogen.**
  Primus Verlag, Darmstadt 2011

- Kniel, Bärbel: **Morphin in Backwaren?**, in: Backmittelinstitut aktuell,
  Nr. 1 2006

- Köhlein, Fritz: **Mohn und Scheinmohn.** Ulmer Verlag, Stuttgart 2003

- Körber-Grohne, Udelgard: **Nutzpflanzen in Deutschland.**
  Wissenschaftliche Buchgesellschaft, Darmstadt 1987

- Krausch, Heinz-Dieter: **»Kaiserkron und Päonien rot ...«**
  Von der Entdeckung und Einführung unserer Gartenblumen.
  Deutscher Taschenbuchverlag, München 2003

- Liebern, Reihnard & Christoph Reisdorff: **Nutzpflanzenkunde.**
  Thieme Verlag, Stuttgart 2007

- Pahlow, Manfred: **Das Große Buch der Heilpflanzen.**
  Gräfe & Unzer Verlag, München 1993

- Raoul Heinrich Francé: **Die Pflanze als Erfinder.**
  Kosmos Verlag, Stuttgart 1920

- Rochholz, Gertrud & Westphal, Folker & Wiesbrock, Urs Oliver &
  Hans Werner Schütz: **Opiat-Nachweis in Urin, Blut und Haaren nach
  Verzehr mohnsamenhaltiger Backwaren,** in: Blutalkohol, Vol. 41,
  S. 319 – 329, Lübeck 2004

- Roth L, Kermann, K: **Ölpflanzen / Pflanzenöle.**
  Ecomed Verlag, Landsberg 2000

- Schendzielorz, Petra:
  Die Anfänge der Betäubungsmittelgesetzgebung in Deutschland.
  Dissertation, Berlin 1988

- Schomann, Stefan: **Mohn,** in: Geo, Juni 1991

Fußnoten

1) Seite 30: Mazal Otto: Pflanzen, Wurzeln, Säfte, Samen,
   Graz 1981, Akademische Druck- und Verlagsanstalt

2) Seite 41: Nationalsozialistische Landpost, 28. 8. 1942

Quellen

Abdruck der Gedichte und Texte mit freundlicher Genehmigung der Verlage.

Seite 11: François Villon, Nachdichtung Paul Zech, Roter Mohn.
Aus: Die lasterhaften Balladen und Lieder des François Villon,
Nachdichtung von Paul Zech, dtv-Verlag
© Paul Zech Rechtsnachfolger

Seite 15: Karl Friedrich von Gerok, Blühender Mohn.
Aus: Karl Friedrich von Gerok, Unter dem Abendstern,
Stuttgart 1889, Greiner & Pfeiffer

Seite 19: Otto Julius Bierbaum, Er tröstet sie.
Aus: Otto Julius Bierbaum, Das seidene Buch. Eine lyrische Damenspende,
Stuttgart und Leipzig 1904, Deutsche Verlags-Anstalt

Seite 21: Arthur Rimbaud, Nachdichtung Paul Zech,
Ich treibe in die blaue Ewigkeit.
Aus: Paul Zech, Sämtliche Dichtungen des Jean Arthur Rimbaud, dtv-Verlag
© Paul Zech Rechtsnachfolger

Seite 25: »Roter Mohn«
Text: Bruno Balz, Musik: Michael Jary
© Ed. Wiener Bohème Verlag / Universal/MCA Music Publishing GmbH

Seite 35: Walahfrid Strabo: De cultura hortorum, Über den Gartenbau,
Stuttgart 2002, Seite 27, Philipp Reclam jun.

Seite 37: Ludwig Uhland, Der Mohn.
Aus: Ludwig Uhland, Gedichte,
Stuttgart und Tübingen 1854, J. G. Cotta'scher Verlag

Verzeichnis der Rezepte

Wir engagieren uns noch stärker für den Klimaschutz!

Seit mehr als 15 Jahren drucken wir unsere Bücher weitestgehend auf Recyclingpapier und versuchen damit, eine ressourcenschonende und umweltfreundliche Buchproduktion zu ermöglichen.

In den letzten Jahren ist der Klimawandel mit seinen weitreichenden Folgen für uns und vor allem unsere nachfolgenden Generationen immer mehr zum Thema geworden. Die Auswirkungen sind bereits jetzt spürbar – Wetterextreme, sich verschiebende Jahreszeiten, Erderwärmung. Auch wenn diese Entwicklungen nicht mehr völlig aufzuhalten sind, müssen wir – auch als Verlag – aktiv werden.

Die *freiburger graphische betriebe,* die Druckerei, in der unsere Bücher produziert werden, beteiligen sich an der Klimainitiative der Druck- und Medienverbände Deutschland und bieten die Möglichkeit, Buchproduktionen klimaneutral herstellen zu lassen. »Klimaneutral« bedeutet den Ausgleich von Treibhausgasen bzw. die Neutralisation durch die Einsparung einer bestimmten CO_2-Menge an anderer Stelle. Da die Wirkungen des Treibhauseffektes global schädigen, ist es irrelevant, an welchem Ort der Welt Emissionen entstehen und wo sie dann letztendlich eingespart werden. Der gesamte Prozess des Ausgleiches von Treibhausgasen basiert auf dem Kyoto-Protokoll von 1997.

Wir haben nun die Möglichkeit, für jedes Druckprodukt den genauen Wert des CO_2-Ausstoßes, der auf den Produktionsprozess in der Druckerei und deren Materialeinsatz zurückzuführen ist, zu ermitteln. Mit Hilfe eines vom Bundesverband der deutschen Druckindustrie entwickelten Rechners, mit dem viele Faktoren erfasst werden – Energieverbrauch, Farbe, Papier, Transportwege oder Einsatz von Personal – wird am Ende der Buchproduktion ein Wert ermittelt, der die relevante Wertschöpfungskette für die technische Herstellung des Buchs umfasst und den durch die Produktion verursachten CO_2-Ausstoß nachweist.

Für diesen Wert bezahlen wir als Verlag einen Ausgleich, der dann in anerkannte und zertifizierte Klimaschutzprojekte fließt. Die Zertifizierung erfolgt durch die Organisation firstclimate (www.firstclimate.com) und wird durch das Logo »Print CO_2 kompensiert« angezeigt.

Die aus dem Druck dieses Buchs resultierende Klimaabgabe fließt in ein Windparkprojekt in der Marmara-Region in der Türkei.

Das Projektgebiet liegt in der Marmara-Region an einem Höhenrücken etwa 350 m über Meereshöhe, nahe der Dörfer Elbasan und Çatalca unweit Istanbuls. Im Rahmen des Projekts werden 20 Windenergieanlagen mit einer Nennleistung von je 3 MW errichtet.

Vegetarisch, vollwertig, köstlich

Ingrid und Alexander Neukert:
Einfach mal vegan
ISBN: 978-3-89566-305-5

Angelika Eckstein:
Vegan backen
ISBN: 978-3-89566-239-3

Wolfgang Hertling:
Kochen mit Hirse
ISBN: 978-3-89566-260-7

Lena Brorsson Alminger:
Schwedisch backen
ISBN: 978-3-89566-269-0

Weitere Bücher aus dem pala-verlag

Irmela Erckenbrecht:
Teenager auf Veggiekurs
ISBN: 978-3-89566-321-5

Petra Müller-Jani und Joachim Skibbe:
Köstliche Kürbis-Küche
ISBN: 978-3-89566-319-2

Heike Kügler-Anger:
Vegetarisches aus der Klosterküche
ISBN: 978-3-89566-286-7

Jutta Grewe:
Vegetarisches aus Omas Küche
ISBN: 978-3-89566-294-2

Gesamtverzeichnis bei:
pala-verlag, Rheinstraße 35, 64283 Darmstadt, www.pala-verlag.de

ISBN: 978-3-89566-318-5
© 2013: pala-verlag
Rheinstraße 35, 64283 Darmstadt
www.pala-verlag.de

Umschlag- und Innenillustrationen: Karin Bauer
www.karin-bauer.com

Lektorat: Wolfgang Hertling, Angelika Eckstein

Druck und Bindung: fgb • freiburger graphische betriebe
www.fgb.de
Printed in Germany

Dieses Buch ist auf Papier aus
100 % Recyclingmaterial gedruckt
und klimaneutral produziert.